新时代智库出版的领跑者

国家智库报告（2021）
National Think Tank (2021)

企业金融规划的理论与实践

THEORY AND PRACTICE OF
ENTERPRISE FINANCIAL PLANNING

徐枫　郭楠　著

中国社会科学出版社

图书在版编目(CIP)数据

企业金融规划的理论与实践 / 徐枫,郭楠著. —北京:中国社会科学出版社,2021.5

(国家智库报告)

ISBN 978-7-5203-8327-1

Ⅰ.①企⋯ Ⅱ.①徐⋯②郭⋯ Ⅲ.①企业管理—金融管理—研究—中国 Ⅳ.①F279.23

中国版本图书馆 CIP 数据核字(2021)第 074002 号

出 版 人	赵剑英
项目统筹	王 茵
责任编辑	喻 苗
责任校对	任晓晓
责任印制	李寡寡

出 版	中国社会科学出版社
社 址	北京鼓楼西大街甲 158 号
邮 编	100720
网 址	http://www.csspw.cn
发 行 部	010-84083685
门 市 部	010-84029450
经 销	新华书店及其他书店
印刷装订	北京君升印刷有限公司
版 次	2021 年 5 月第 1 版
印 次	2021 年 5 月第 1 次印刷
开 本	787×1092 1/16
印 张	10.75
插 页	2
字 数	141 千字
定 价	65.00 元

凡购买中国社会科学出版社图书,如有质量问题请与本社营销中心联系调换
电话:010-84083683
版权所有 侵权必究

摘要：企业金融规划既是独具中国特色的企业实践探索，又是管理学中国理论创新的重要方向。当前企业金融规划的如火如荼与时代背景密切攸关：一方面，中国正在加速追赶世界金融强国。企业金融规划能够借助政府"有形之手"，强化金融强国建设的微观基石。另一方面，中国已经成为世界级企业赛场"领先者"。企业金融规划不仅能够提高金融服务实体产业效率，而且可以助力中国企业战胜世界级竞争对手。

立足咨询实务提炼企业金融规划的理论基础是本书创新。第一章从建设世界金融强国和打造世界优秀企业两个维度系统分析了企业金融规划的时代背景，进而提炼出企业金融规划的分析框架。其中，一般性分析框架包括明势、观己、择道、评估、调整五大步骤。具体性分析框架需要充分考虑研究视角的独特性，包括集团总部、产业板块、金融科技和资本运作四大视角。

结合具体案例阐释企业金融规划的分析框架是本书特色。第二章以航运业集团A"五年规划"为例，从集团总部视角解析企业金融规划的方法论。第三章以资本控股公司B"五年规划"为例，从产业板块视角解析企业金融规划的方法论。第四章以金融科技公司C业务规划为例，从金融科技视角解析企业金融规划的方法论。第五章以资本族系D资本证券化规划为例，从资本运作视角解析企业金融规划的方法论。

关键词：企业金融规划；企业战略；财务战略；资本运作

Abstract: Corporate financial plan is not only a practical exploration with Chinese characteristics, but also an important direction of innovation of China's management theory. The rise of corporate financial plan is closely related to current environment. On the one hand, China is becoming a world-class financial power. Corporate financial plan can strengthen the micro foundation of financial power construction, with the help of the government's visible hand. On the other hand, China has become the leader in world-class enterprises competition. Corporate financial plan can not only improve the efficiency of financial support for entities, but also help Chinese enterprises to defeat world – class competitors.

Based on consulting practice, refining the theoretical basis of corporate financial planning is the innovation of this book. Chapter 1 systematically analyzes the background of enterprise financial planning from two dimensions of building a world – class financial power and building world – class excellent enterprises, and then summary the analytical framework of corporate financial plan. General analytical framework consists of five steps, such as forecasting the macro economic trends, identifying the industrial competition environment, choosing the right development paths, evaluating the effect of plan implementation, and adjusting the targets of plan. Specific analytical framework needs to consider the uniqueness of research perspective.

Clarifying analytical framework of corporate financial plan though specific cases, is the feature of this book. Firstly, taking shipping group A's five-year plan as an example, chapter 2 analyzes the methodology of corporate financial plan from the perspective of group headquarters. Secondly, taking capital holding company B's five-year plan as an example, chapter 3 analyzes the methodology of corporate financial plan from the perspective of industrial sector. Thirdly, taking financial tech company C's business plan as an example, chapter 4 analyzes the methodology of corporate financial plan from the perspective of financial tech. Finally, taking capital group D's capital securitization plan, Chapter 5 analyzes the methodology of corporate financial plan from the perspective of capital operation.

Key Words: Corporate financial plan; corporate strategy; financial strategy; capital operation

目　　录

一　企业金融规划的理论与分析框架 …………………（1）
（一）企业金融规划的时代背景 …………………………（1）
1. 从金融大国到世界金融强国 …………………………（1）
2. 从国内企业到世界优秀企业 …………………………（3）
（二）企业金融规划的分析框架 …………………………（5）
1. 一般性分析框架 ………………………………………（5）
2. 具体性分析框架：集团总部视角 ……………………（8）
3. 具体性分析框架：产业板块视角 ……………………（12）
4. 具体性分析框架：金融科技视角 ……………………（15）
5. 具体性分析框架：资本运作视角 ……………………（17）

二　集团总部视角下的企业金融规划
　　——以航运业集团 A"五年规划"为例 ……………（20）
（一）宏观环境分析 ………………………………………（21）
1. 国际经济趋势 …………………………………………（21）
2. 国内经济趋势 …………………………………………（22）
3. 行业市场预测 …………………………………………（22）
4. 产业政策支持 …………………………………………（24）
（二）竞争环境分析 ………………………………………（25）
1. 集团发展历程 …………………………………………（25）
2. 未来发展机遇 …………………………………………（26）

3. 当前现实挑战 …………………………………………（26）
4. 集团优势资源 …………………………………………（27）
5. 集团核心能力 …………………………………………（27）
（三）总体发展规划 ………………………………………（28）
1. 总体规划目标 …………………………………………（28）
2. 总体发展方针 …………………………………………（30）
3. 核心发展策略 …………………………………………（31）
（四）产业发展规划：以金融产业为例 …………………（32）
1. 研究标杆，加快追赶汇丰集团 ………………………（33）
2. 明确定位，建设直投特色投行 ………………………（35）
3. 全面布局，打造特色金服体系 ………………………（39）
4. 多方保障，完善配套服务体系 ………………………（45）
（五）职能发展规划：以资本风控为例 …………………（49）
1. 借助市值管理，布局资本市场全球化 ………………（50）
2. 强化内部管理，实现风险防范制度化 ………………（51）
（六）规划保障措施 ………………………………………（52）

三 产业板块视角下的企业金融规划
——以资本控股公司 B "五年规划" 为例 ……………（54）
（一）宏观环境分析 ………………………………………（55）
1. 国际经济环境 …………………………………………（55）
2. 国内经济环境 …………………………………………（56）
3. 金融行业环境 …………………………………………（59）
（二）竞争环境分析 ………………………………………（61）
1. 公司发展历程 …………………………………………（61）
2. 当前现实挑战 …………………………………………（62）
3. 集团资源优势 …………………………………………（63）
（三）总体发展规划 ………………………………………（65）
1. 总体规划目标 …………………………………………（65）

2. 总体发展方针 …………………………………………（66）
　　3. 核心发展举措 …………………………………………（66）
　（四）业态发展规划 …………………………………………（68）
　　1. 商业银行发展规划 ……………………………………（68）
　　2. 投资银行发展规划 ……………………………………（70）
　　3. 财务公司发展规划 ……………………………………（70）
　　4. 信托公司发展规划 ……………………………………（73）
　　5. 融资租赁发展规划 ……………………………………（74）
　　6. 期货公司发展规划 ……………………………………（75）
　　7. 商业保理发展规划 ……………………………………（76）
　　8. 保险经纪发展规划 ……………………………………（77）
　（五）专项发展规划 …………………………………………（78）
　　1. 国际化发展规划 ………………………………………（78）
　　2. 资本运作规划 …………………………………………（78）
　（六）规划保障措施 …………………………………………（80）

四　金融科技视角下的企业金融规划
——以金融科技公司 C 发展规划为例 ……………………（82）
　（一）市场趋势分析 …………………………………………（83）
　　1. 金融科技市场总体趋势 ………………………………（83）
　　2. 支付结算市场发展趋势 ………………………………（85）
　　3. 互联网借贷市场发展趋势 ……………………………（86）
　　4. 互联网保险市场发展趋势 ……………………………（87）
　（二）政策环境分析 …………………………………………（88）
　　1. 美国经验：金融科技柔性监管者 ……………………（88）
　　2. 英国经验：金融科技监管示范者 ……………………（91）
　　3. 新加坡经验：金融科技全程参与者 …………………（93）
　　4. 中国实践：金融科技监管探索者 ……………………（94）
　（三）总体发展规划 …………………………………………（98）

1. 总体规划目标 …………………………………… (98)
2. 核心发展策略 …………………………………… (98)
3. 经验借鉴：开拓者蚂蚁金服 …………………… (99)
4. 经验借鉴：突围者京东金融 …………………… (102)
（四）供应链金融业务发展规划 ……………………… (106)
（五）网络消费金融业务发展规划 …………………… (106)
 1. 网络消费金融市场现状 ………………………… (107)
 2. 经验借鉴：京东白条 …………………………… (109)
 3. 经验借鉴：蚂蚁花呗、借呗 …………………… (112)
 4. 网络消费金融业务发展策略 …………………… (112)
（六）财富管理业务发展规划 ………………………… (113)
 1. 经验借鉴：京东财富 …………………………… (115)
 2. 财富管理业务发展策略 ………………………… (117)
（七）互联网支付业务发展规划 ……………………… (118)
 1. 互联网支付市场现状 …………………………… (118)
 2. 经验借鉴：微信支付 …………………………… (119)
 3. 经验借鉴：京东支付 …………………………… (120)
 4. 互联网支付业务发展策略 ……………………… (120)
（八）互联网征信业务发展规划 ……………………… (121)
 1. 互联网征信市场现状 …………………………… (122)
 2. 经验借鉴：美国企业征信龙头 D&B ………… (124)
 3. 经验借鉴：财税征信典范航天信息 …………… (124)
 4. 互联网征信业务发展策略 ……………………… (126)
（九）规划保障措施 …………………………………… (127)

五 资本运作视角下的企业金融规划
——以资本族系集团 D 资本证券化规划为例 ……… (129)
（一）资本市场的趋势展望 …………………………… (130)
 1. 资本市场发展成就 ……………………………… (130)

2. 资本市场改革方向 …………………………………（131）
（二）资本运作的经验借鉴 ………………………………（133）
　　1. 中信集团：母子公司股权互换实现整体上市 ……（134）
　　2. 复星集团：境内外资产重组实现整体上市 ………（136）
（三）资本运作的历史经验 ………………………………（139）
　　1. 跨越发展的资本运作之路 …………………………（139）
　　2. 率性顺生的资本运作之道 …………………………（140）
　　3. 灵活择优的资本运作之术 …………………………（141）
（四）资本运作的现实起点 ………………………………（143）
　　1. 资产负债结构错配 …………………………………（143）
　　2. 经营质量有待提高 …………………………………（145）
　　3. 财务风险不断增加 …………………………………（146）
（五）资本运作的应对之策 ………………………………（147）
　　1. 强化产融结合战略 …………………………………（147）
　　2. 顺应资本市场改革 …………………………………（149）
　　3. 加大直接融资力度 …………………………………（151）
　　4. 合力整合产业资源 …………………………………（152）
　　5. 构建境外运作平台 …………………………………（154）
　　6. 优化资产负债管理 …………………………………（155）
　　7. 提高市值管理水平 …………………………………（155）
（六）资本运作的保障措施 ………………………………（157）

后　记 ……………………………………………………（159）

一 企业金融规划的理论与分析框架

(一) 企业金融规划的时代背景

1. 从金融大国到世界金融强国

金融强国是走向经济强国的必经之路。大国是资源使用者，强国才是资源配置者。观察近代全球霸权变迁史，不难发现世界经济强国的萌芽、成长、鼎盛和衰落过程，都对应着本国金融体系对全球经济资源配置能力的扩张与收缩。金融强国助推经济强国建设的路径主要包括：一是成为全球经济资源的配置者。不仅通过完善金融产品价格发现功能，前瞻性洞悉全球政治经济信息，而且通过设计合适的金融制度安排，推动国内企业控制全球产业链命脉。二是成为国家经济实力的加速器。开放而有活力的金融体系不仅能够吸引国际资源服务国内经济增长和转型，而且能够助力本国企业参与，甚至主导国际项目投资。三是成为平抑经济社会风险的缓冲器。当经济社会风险出现时，可以借助金融体系和金融制度安排有效调动国际国内资源，调整经济金融运行模式，避免突发性金融事件转化为经济风险，甚至冲击社会政治稳定。

从金融大国到金融强国仍有诸多阻滞。2019年中国金融业增加值为7.7万亿元，相当于同期全国经济总量的8.7%。中国上市公司市值合计高达59.3万亿元，规模稳居全球资本市场第二。中国已经成为名副其实的金融大国，但与世界金融强国尚有距离。一是金融市场机制活力不足。譬如，对金融产品和金融业务创新等市场活动监管过于严格，各类审批和备案程序仍然较为复杂；资产价格形成机制仍然有待完善，新股高发行价、高市盈率、高超募资金现象较为普遍；上市公司新陈代谢机制并不通畅，退市仍然面临着巨大阻力。二是金融机构国际竞争力不足。机构规模方面，2018年末中国全部证券公司营业收入合计3113亿元，相当于高盛集团的104%；全部证券公司资产合计6.14万亿元，约为高盛集团的94%。业务分布方面，国内证券公司营业收入绝大部分来自境内市场，国际化业务比例较低。投资者结构方面，多数证券投资账户为个人账户，社会保险基金、企业年金和保险机构等参与资本市场比例较低。三是金融结构失衡需要调整。直接融资规模方面，2018年12月，中国社会融资存量超过200万亿元，直接融资（包含企业债券和股票融资）合计占比仅为13.5%。而同期资本市场发达的美国直接融资比例为89.9%，银行主导型国家日本和德国直接融资比例分别为69.2%和74.4%。上市公司结构方面，主板上市公司数量最多，创业板较少，呈现出典型"倒金字塔"结构，与实体经济部门中大型企业数量较少、中小微企业居多的格局完全相反。

金融规划助力中国加快建设金融强国。规划是中国独特的经济社会治理机制，是政府"有形之手"的直接体现。金融规划至少具有三种功能：一是凝聚不同利益相关者共识，形成共同的金融经济行动纲领；二是为决策者提供现实依据，综合运用金融手段引导资源按照市场经济规则配置到规划目标中；三是约束利益相关者行为，将局部、部门最优行为调整到全局最优行为。金融规划从多方面助力中国加快建设金融强国：经济社会规划方面，主要研判未来经济社会发展趋势，找准当前经济社会发展主要矛盾，提出经济社会规划的主题和主线，进而确定经济社会规划目标和任务。金融规划既是经济社会总体规划经济篇的主要内容，又是经济社会总体规划实施机制的重要组成部分，夯实了金融强国建设的经济社会基础。金融政策规划方面，主要评估金融支持经济社会的发展情况，总结金融支持实体经济的基本经验，找准金融服务实体经济的现实障碍，提出完善金融体系改革的重要举措。金融政策规划不能脱离服务实体经济轨道，而应根植于实体经济，与实体经济协调发展，同时需要实现金融业高质量发展，构成了金融强国建设的政策体系基础。企业金融规划方面，主要研判国际国内经济形势、预测金融业务空间和判断金融监管政策等外部宏观环境，分析公司发展的机遇和挑战、挖掘优势资源和核心能力等内部竞争环境，制定总体金融发展规划、具体金融业务规划，以及专项任务发展规划等。公司金融规划不能偏离服务集团角色定位，而应纳入集团总体发展目标，与实体业务协调发展，同时需要提升所在细分行业竞争力，强化了金融强国建设的微观企业基础。

2. 从国内企业到世界优秀企业

世界级企业发展与国家崛起之路如影随形。翻阅世界经济发展史不难发现，任何世界强国崛起都伴随着一大批世界级企业的诞生和发展。世界级企业既是国家科技进步的重要推力，又奠定了国家经济繁荣的微观基础。一是美国企业崛起之路。1887—1913年期间，美国GDP年均增长率为3.94%，整体经济实力很快超过英国。这一时期，美国诞生了洛克菲勒石油公司、卡内基钢铁公司、福特汽车公司等世界级企业。1975年美国占世界经济总量比例为28.4%，拥有世界500强企业241家。二是日本企业兴衰之路。1950—1973年期间，日本GDP年均增长率为9.29%，整体经济实力加速追赶美国。这一时期，日本出现了丰田汽车、索尼电子、松下电器等世界级企业。1975年日本拥有54家世界500强企业，1985年达到147家，随后日本经济发展陷入停滞，2019年仅有52家世界500强企业。三是韩国企业崛起之路。20世纪80年代初，韩国经济迅速崛起，到21世纪初，成为高收入经济体。这一期间，韩国涌现出三星电子、SK集团、现代汽车等一批世界级企业。1985年韩国只有6家世界500强企业，到了2008年时上升到15家，2019年仍有16家。

中国崛起的标志是世界级企业影响力增加。一方面，世界级企业席次总量位居全球主要国家前列。1989年中国银行首次进入世界500强榜单，成为世界级企业赛场的"入围者"；1995年中国拥有4家世界500强企业，之后数量不断攀升，到2012年时拥有79家，仅次于美国，成为令人瞩目的"追赶者"；2019年中国拥有世界500强企业高达219家，首次超过美国，成为名副其实的"领先者"。另一方面，世界级企业的行业竞争力全面提升。1996年中国世界500强企业仅覆盖银行和电信两个行业，2008年覆盖行业达到11个，2012年覆盖行业达到22个，2019年覆盖行业超过30个。在世界级企业竞技场，中国军团不仅占领了电信、银行、石油等传统市场集中度高的产业，而且进入了机械、海运、工程建筑、计算机等市场竞争激烈的产业，还强化了5G信息技术、金融科技等战略性新兴产业的局部领先优势。

金融规划助力中国企业决胜于世界级竞争。从跟随、追赶到超过、超越，越来越多中国企业进入海外市场，与美日欧跨国企业展开正面较量。同时，国内经济增长"这边独好"和金融市场开放进程提速，吸引了越来越多世界级企业将经济战场前沿阵地推移到中国市场。那么，中国企业能不能决胜于未来更加激烈的世界级竞争？中国企业拥有的法宝之一，就是企业战略规划。在思想理论指导下解决问题，是中国革命和建设取得成功的宝贵经验，也是中国打造世界级企业的精神力量。强调战略规划，不仅是中国国家崛起的显性基因，也是中国企业集体性崛起的不二法门。企业金融规划从多方面助力中国企业决胜于世界级竞争：一是研判金融行业发展趋势和金融监管政策走势，为企业发展金融业务提供环境分析；二是选择行业标杆企业，剖析发展模式，借鉴成功经验，助力公司金融业务竞争力提升；三是分析实体产业金融需求，量身定做具有特色的产业金融服务体系，支持实体产业发展，并与实体产业协同发展；四是研究资本市场发展趋势，创造性地运用资本市场投融资功能，加快实施全球并购重组，促进企业价值持续性增长。

（二）企业金融规划的分析框架

企业金融规划的分析框架包括一般性分析框架和具体性分析框架两类。其中，具体性分析框架需要充分结合研究视角的独特性，大致包括集团总部、产业板块、金融科技和资本运作四大视角。

1. 一般性分析框架

静态企业金融规划分析框架，可以概括为明势、观己、择道三部曲。明势瞭望的是前方道路状况，观己剖析的是当前身在何处，择道探究的是未来走向哪里以及如何到达彼岸。动态企业金融规划分析框架，还需增加规划成效评估和规划路径调整两个环节，通过流程反馈形成闭环逻辑结构。

明势，明的是宏观环境之大势。"激水之疾，至于漂石者，势也。"明势，才能瞭望前方是坦途大道还是暗礁丛生。企业金融规划的宏观环境分析框架主要涵盖四部分：一是国际经济形势，包括分析全球经济增长态势、国际产业分工稳定性、经济地理版图变迁，以及国际货币体系变化和欧美国家金融监管趋势等，作为企业规划全球布局的国际环境基础。二是国内经济形势，包括分析经济增长速度、居民消费能力，以及金融改革

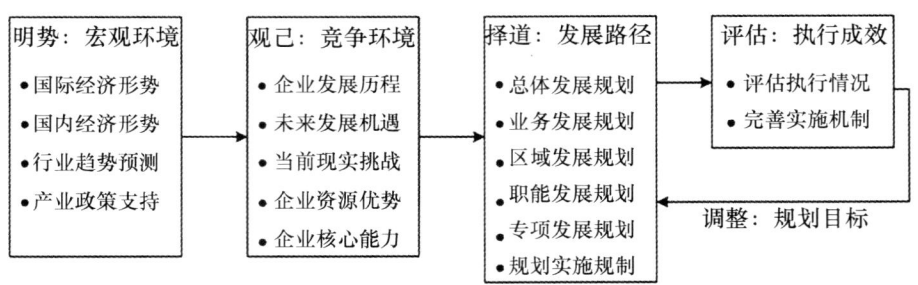

图 1　企业金融规划的一般性分析框架结构

方向等，作为企业规划产业、区域布局，并为之提供金融服务的国内环境基础。三是行业趋势预测，包括行业未来投资、经济增加值、盈利表现，以及行业内部结构变化等，作为企业制定投资规划的行业环境基础。四是产业政策支持，包括梳理与企业业务相关的产业政策，以及承接产业机遇的投资举措，作为企业制定投资规划的政策环境基础。

观己，观的是竞争环境之大局。"自知者明。"从历史视角观己，才能传承既往经验，挖掘资源优势和核心能力；从比较视角观己，才能定位方寸之间，知晓发展机遇和现实挑战。企业金融规划的竞争环境分析框架主要涵盖五部分。一是企业发展历程。包括总结企业发展经历哪些阶段，不同阶段具有什么特点，道路转型标志是什么等等。二是未来发展机遇，包括相关业务国际和国内增长态势、产业政策红利等。三是当前现实挑战，包括行业竞争程度、市场增长空间和企业发展风险等。四是企业资源优势，包括业务支持、牌照支持和资金支持等。五是企业核心能力，包括价值创造能力、兼并整合能力和经营创新能力等。

择道，择的是发展路径之大道。"凡事预则立。"制定规划需要"一张蓝图绘到底"。企业金融规划的发展路径分析框架主要涵盖六部分。一是总体发展规划，包括规划指标体系建构及数值量化、总体发展方针和核心发展举措。二是业务发展规划，包括研究金融控股公司和具体金融业态如何追赶标杆企业、明确战略定位、制定发展举措和相关配套措施等。三是区域发展规划，包括研究企业区域总部如何追赶标杆企业、明确战略定位、制定发展举措和相关配套措施等。四是职能发展规划，包括企业市值管理和金融风险防范等。五是专项发展规划，包括资本运作、整体上市策略、国际化发展等专项任务。六是规划实施机制，既包括按年度、产业公司、职能部门和重点任务角度进行分解，实现目标衔接，又包括从组织体系、财务资源、治理结构、人才战略、风险控制等维度配套支持，引导目标实现。

评估，评的是规划执行之成效。"如平直必以准绳。"不能抓好评估和落实，再好的蓝图也是空中楼阁。企业金融规划执行效果的评估主要涵盖以下两方面。一方面，评估规划目标执行情况，减少战略偏差。中期评估内容主要包括评估规划目标体系中的绝对量指标，以及追赶标杆企业等相对量指标的完成情况。另一方面，根据规划目标实施进展，完善实施机制。针对超预期完成的规划指标，需要总结经验进行推广；针对未达到预期的规划指标，及时调整资源配置和激励机制予以弥补。

调整，调的是规划目标之经纬。"修今则塞于世。"企业金融规划期限可能跨越经济周期、金融周期或监管政策周期，需要根据宏观环境变化适时调整。企业金融规划发展路径的调整主要涵盖以下两方面。一方面，方向性调整。譬如，国际金融危机导致欧美资产市场价格洼地出现，需要抓住机会窗口加快海外并购；又如，国内金融监管政策骤紧阻断企业融资渠道，需要收缩非核心业务化解现金流断裂风险。另一方面，程度性调整。譬如，传统产业面临同行竞争更加激烈，经营利润可能出现趋势性缩减；又如，新兴产业市场潜能释放缓慢，培育周期更加漫长。

2. 具体性分析框架：集团总部视角

从集团总部视角制订企业金融规划，需要充分考虑这一视角的独特性。譬如，分析宏观环境和竞争环境时，需要将基本要素和集团核心业务紧密结合，充分发挥内外部环境分析对集团总体规划的方向性指导。设计金融规划体系结构时，需要从产业发展、区域发展和职能发展等维度与总体发展规划相衔接。

国际经济趋势分析框架。多数具有竞争力的国内企业发展目标都是跻身世界级企业行列，制订规划时需要从全球视角配置企业资源。国际经济分析框架主要涵盖四方面内容。一是世界级企业崛起与全球经济中高速增长过程相伴，制定企业规划时，需要判断全球经济周期处在什么阶段、中高速增长还将延续多久等。二是世界级企业产业链布局与全球化合作相关，制订企业规划时，需要判断国际分工和贸易是否进出自由、国际资本流动是否顺畅、国际协调机制是否灵活有效等。三是世界级企业产业配置与技术创新浪潮相关，制订企业规划时，需要判断新兴产业进入盈利状态还需等待多久、资本市场融资环境是否还能支持等。四是世界级企业业务配置与世界经济增长地理结构相关，制定企业规划时，需要判断将多少资源投向全球最具活力的地区。

国内经济趋势分析框架。国内市场不仅贡献绝大多数营业收入和利润，更是支撑企业海外市场扩张的大本营，制订企业规划时需要充分挖掘国内市场潜力。国内经济分析框架主要涵盖三方面内容。一是经济增速预测。经济增速直接决定着企业营业收入增长率。国内经济增速不仅与潜在经济增长率有关，而且是经济社会发展的现实需要。根据既往经验，实际经济增速过度偏离预期增长目标时，政府就会出台对应的财政政策和货币金融政策予以矫正。二是居民消费能力。人均可支配收入增长决定了消费结构升级，也对企业产品或服务供给质量提出了要求。三是区域发展战略。区域发展战略决定了中国经济增长结构，牵引着人口流动、产业发展和资金聚集，也决定了集团业务的地理布局。

行业市场预测分析框架。行业趋势分析是企业决定是否进入新的行业，以及是否对现有行业增加投资或进行战略收缩的基础。行业趋势分析框架主要涵盖两方面内容：一是行业市场规模，如未来投资规模、营业收入增速和利润率变化等；二是行业结构变化，譬如，酒店行业中，星级酒店增长速度逐渐放缓，而经济型酒店开始迅猛发展。

产业政策支持分析框架。产业政策是国家调整产业结构的指挥棒，也是企业借机加速发展的软杠杆。产业政策分析框架主要涵盖内容如下：一是梳理国家五年规划重点支持产业，并与企业业务相关行业进行匹配；二是明晰企业具体发展举措，尤其是将在建或待建重点项目，列入地方发展改革委支持当地经济发展的备选项目库。譬如，国家支持完善区际交通网络，扩建或新建机场就容易列入地方政府配套保增长项目。

企业发展历程分析框架。从企业发展角度看，可能经历精细化发展阶段，奠定了基础竞争力；经历多元化发展阶段，强化了抗风险能力；经历业务优化阶段，形成了多个战略支点。从企业对标角度看，可以分为正常追赶阶段和加速追赶阶段。加速追赶阶段往往与国际金融危机或具有全球影响力的重大事件相关。

未来发展机遇分析框架。主要涵盖如下内容。一是全球性机遇。充分挖掘全球和平发展与国际贸易自由化红利。譬如，经济增长利于航空运输行业，国际贸易利于物流运输行业。二是中国崛起红利。包括消费市场扩大、服务业占比增加，以及金融业改革加快等。三是政策红利。例如，产业政策配套财政金融支持。

当前现实挑战分析框架。主要涵盖以下三方面内容。一是行业竞争挑战，包括集团旗下企业所在行业地位，以及整个行业竞争程度变化。二是市场竞争挑战，包括进入欧美市场面临的竞争，以及新的商业模式出现等。譬如，部分行业竞争焦点转向导入流量，利润空间急剧萎缩。三是企业发展风险，包括全球宏观经济金融风险、国内社会政治风险，以及企业经营风险、财务风险等。

集团优势资源分析框架。主要涵盖以下四方面内容。一是实物资源，包括集团不同行业板块拥有固定资产和可变资产等。二是牌照资源，包括金融牌照、航线、加油站、矿山开发权等。三是财务资源，包括拥有A股和境外上市企业，以及新三板挂牌企业等。四是商誉资源，包括企业品牌影响力，以及母公司信用评级等。

集团核心能力分析框架。主要涵盖以下三方面内容。一是经营能力，包括商业模式创新、人力资源战略、市场营销等，服务于企业营业收入和利润增长。二是财务能力，包括设计最优资本结构，加快与经营资金周转，以及控制资本成本等。三是价值增值能力，包括并购重组能力、联通境内外资金池能力，以及企业市值管理能力等。

总体发展规划分析框架。主要涵盖以下三方面内容。一是总体规划目标，包括终极发展目标、近期规划目标，规划指标体系设计及数值量化。二是总体发展方针，包括整体增长方针、全面转型方针和综合创新方针等。三是核心发展举措，包括产业和资本融合战略、线上线下互动战略、产业之间协同战略，以及国内国际市场一体化战略等。

产业发展规划分析框架。主要涵盖以下五方面内容。一是集团产业背景研究，包括从集团总部视角制定金融产业发展规划，需要明晰集团整体产业概况和总体发展思路，将金融产业发展定位内置于集团总体发展战略之中。二是金融产业对标研究，包括结合金融产业现状，选择合适标杆企业对象，全方位剖析标杆企业发展经验，明晰追赶标杆企业的路径和进度。三是金融产业定位研究，包括确定集团金融产业的主导业态，分析这一业态的国际、国内行业发展趋势和监管态势，挖掘进军这一业态的资源优势；设计金融产业发展规划体系，结合金融产业实际基础，对规划指标进行数值量化；分阶段拆解规划目标，并且明确实施步骤。四是金融产业战略布局，包括打造资金池，探索各类资金流入渠道；加快并购步伐，壮大主要金融业态；结合行业特征，构建产业金融服务体系；建设国际化平台，打通内外资金池。五是金融规划保障措施。考虑从管控模式、产品创新、产业协同、风险防控，以及实施机制等维度予以保障。

区域发展规划分析框架。主要涵盖以下五方面内容。一是集团区域背景研究，包括从集团总部视角制定区域金融发展规划，需要明晰集团整体区域概况和总体发展思路，将区域金融发展内置于集团总体发展战略之中。二是区域总部对标研究，包括结合集团区域总部现状，选择合适标杆企业，全方位剖析标杆企业发展经验，明晰追赶标杆企业的路径和进度。三是区域总部定位研究，包括分析集团区域总部发展机遇和面临挑战，进而明确目标定位；设计区域总部发展规划体系，结合区域总部实际基础，对规划指标进行数值量化。四是区域总部业务布局，包括确定区域总部主导产业，发展核心产业，培育战略新兴产业，通过金融运作整合产业链上下游企业，促进区域产业协同。五是区域规划实施机制。根据不同阶段拆解区域总部规划目标，明确实施步骤。

职能发展规划分析框架。主要涵盖以下三方面内容。一是职能部门背景研究。从集团总部视角制定职能金融发展规划，需要明晰集团整体职能部门概况和总体发展思路，将职能金融发展内置于集团总体发展战略之中。二是市值管理职能研究，包括结合行业差异性特征，推进不同产业板块布局全球资本市场，建立与集团项目池相匹配的资金池，实现两者良性循环。借助资本运作整合资源，提升旗下上市企业的行业影响力。三是金融风险防控职能研究，包括控制投资节奏，提升并购整合效率。强化资金管理，建立套期保值制度，设置产业之间、企业之间风险防火墙。

规划保障措施分析框架。主要涵盖以下三方面内容：一是评价考核机制。将规划实施情况和产业层面、职能层面和区域层面绩效考核相结合；二是规划监测机制，包括年度监测、中期评估，以及规划目标调整等；三是规划协调机制，包括各级规划与总体规划之间衔接、规划目标按年度分解情况等。

3. 具体性分析框架：产业板块视角

从产业板块视角制订企业金融规划，需要充分考虑这一视角的独特性。譬如，分析宏观环境和竞争环境时，需要将基本要素和集团旗下金融业务紧密结合，充分发挥内外部环境分析对金融产业规划的方向性指导；设计金融产业板块规划体系时，需要从资本控股公司、具体金融业态和专项任务等维度出发，全面剖析金融产业发展目标和实施路径。

国际经济趋势分析框架。主要涵盖以下六方面内容。一是全球经济格局变化。寻找对世界经济增长贡献快速上升的主要经济体，作为集团投资适度倾斜的依据。二是国际货币体系变革。分析特别提款权（SDR）中主要货币结构变化，作为集团资金池按币种配置现金流的基础。三是全球金融监管趋势。研究欧美市场关于金融机构杠杆率和流动性要求，以及金融混业经营容忍度，作为调整国际金融业务模式的准绳。四是国际经济贸易形势。预判国际经贸形势更加自由化或反自由化，作为优化全球产业链布局的基础。五是全球投资结构变化。追溯全球投资流出和流入方向，作为集团配置全球投资的依据。六是集团主营业务趋势。洞悉集团主营业务结构变化，有效发挥金融支持实体产业结构调整功能。

国内经济趋势分析框架。主要涵盖以下四方面内容。一是中国经济增速预测。既要关注中国经济增长对企业营收的影响，又要关注财政政策、金融政策和产业政策为企业提供的发展机遇。二是居民消费结构变化。从消费供给需求角度研判供给过剩和严重不足的领域，为企业调整资源配置提供参考基础。三是国有资产体制改革。国有资产布局进退和管理构架决定民间投资活力，国有企业内部治理和薪酬激励决定资产运营质量。四是金融业改革进展情况。包括当前资金脱虚返实政策效果如何，进入经济社会短板领域的资金是否增加，以及主要金融业态服务实体经济状况评估等。

金融行业环境分析框架。主要涵盖以下七方面内容。一是银行业环境，包括银行体系结构变化、营业收入增长、利润率变化，以及不良贷款率变化等。二是保险业环境，包括财产险和人寿险营收增长、利润率变化，以及保险产品创新等。三是证券业环境，包括股市、债市、资产证券化政策对证券收入影响，以及互联网化对证券业冲击等。四是信托业环境，包括营业收入和受托资产规模增速、行业利润率、行业杠杆率，以及信用风险情况等。五是租赁业环境，包括租赁市场规模增长、租赁行业竞争程度变化，以及政策机遇和挑战等。六是基金业环境，包括基金行业规模增长、行业利润率，以及盈利模式变化等。七是互联网金融环境，包括支付清算市场规模及结构、P2P网贷行业发展趋势，以及金融科技与传统商业银行融合模式等。

平台发展历程分析框架。主要涵盖以下三方面内容。一是梳理金融产业发展过程，划分相关发展阶段，总结不同阶段特征。二是明晰当前资本控股平台旗下金融业态结构分布，以及资本控股平台对具体金融业态的股权控制能力。三是针对尚不符合监管要求业态，及时制定整改措施。譬如，拥有多家财务公司的资本控股平台，需要尽快整合业务，然后对外出售财务公司牌照。

当前现实挑战分析框架。主要涵盖以下三方面内容。一是金融业务协调性。着重考察是否拥有银行、保险和证券等核心金融牌照，以及对比同行竞争对手企业拥有金融牌照情况。二是金融业态竞争力。全面对标旗下金融子公司和行业龙头企业之间差距，以及近五年来行业排名波动情况。三是资金投入支持度。主要考察金融产业投资占集团总投资额比例，以及在不同金融业态中的分布机构等。

集团优势资源分析框架。主要涵盖以下三方面内容。一是实体产业的金融需求，包括梳理不同业务板块的金融需求，如首次公开募股（IPO）、贷款融资、债券发行、资产证券化、汇率风险管理，以及原材料套期保值等需求。二是前期金融基础，包括不同金融业态既往业绩规模，以及参与重点项目经验等。三是集团重视程度，包括集团党委赋予金融产业发展的战略重要性，以及董事长、总经理等对金融在集团战略中的定位认识。

总体发展规划分析框架。主要涵盖以下三方面内容。一是总体规划目标，包括集团赋予金融产业发展的指导思想和金融产业发展的奋斗目标、金融产业规划的指标体系设计，以及数值量化。二是总体发展方针，包括总体发展思路和发展原则。其中，金融产业发展不能脱离服务集团发展轨道，而应致力于提升金融服务集团产业能力，协同推进集团产业和金融国际化。三是核心发展举措。包括合理划分金融控股平台和具体业态之间的责权关系、获取核心金融牌照、做强具体金融业态、谋求金融板块登陆资本市场、积极发展金融科技、协同服务集团国际化战略，以及防范金融风险等。

业态发展规划分析框架。主要涵盖以下四方面内容。一是金融业态的发展趋势研究，包括行业规模和利润变化、行业结构变化、行业监管政策等。二是金融业态的行业对标研究。结合金融业态现状基础，选择合适企业进行对标，全方位剖析标杆企业发展经验，明晰追赶标杆企业的具体路径和进度。三是金融业态的定位研究。立足集团规划目标，结合业态资源优势及其在服务集团业务中的作用，明确业态规划目标定位，设计金融业态发展规划体系，结合实际基础，对规划指标进行数值量化。分阶段拆解规划目标，并且明确实施步骤。四是金融业态发展思路，包括获取核心金融牌照，增加资金流入渠道。加快并购步伐，壮大金融业态实力，结合集团业务特征，深挖集团资源支持业态发展。

专项发展规划分析框架。主要涵盖以下三方面内容。一是分析专项任务可选方案。从不同角度，结合既往案例，评估几种可选方案的时间成本、经济成本、金融风险等。二是评估专项任务的可行性，包括资本市场估值基础、政策宽松环境、金融产业资金实力、集团公司支持力度等。三是制定专项任务实施思路，包括积极获取内部资源，争取外部资源合作，以及充分用好政策资源等。

规划保障措施分析框架，包括加强金融文化建设，完善公司治理机制，激活人才管理机制，打造产业协同机制，夯实风险管理机制，等等。

4. 具体性分析框架：金融科技视角

从金融科技视角制订企业金融规划，需要充分考虑这一视角的独特性。譬如，分析行业发展趋势时，需要考虑金融科技新生性，更加关注金融科技对金融业客户行为、商业模式和金融结构的重塑；分析监管政策环境时，需要考虑金融科技监管艺术性，兼具金融风险控制和避免打击科技创新；制定金融科技发展规划时，需要充分借鉴优秀企业经验，扬长避短，选择最优总体发展战略和业务发展策略。

行业趋势分析框架。主要涵盖以下四方面内容。一是金融科技市场总体趋势，市场结构方面，包括金融科技头部企业竞争状况，以及金融科技行业全球投资分布等；发展趋势方面，包括金融科技创新、金融科技企业与传统金融机构关系，以及市场估值和资本市场融资情况等。二是市场结算市场趋势，包括支付行业头部企业结构、支付软硬件应用技术、支付场景竞争和数字货币应用基础等。三是网贷市场发展趋势，包括网贷合规成本、网贷行业集中度、金融科技对网贷企业效率影响，以及网贷企业和传统金融机构融合模式等。四是互联网保险发展趋势，包括互联网企业切入保险市场情况，以及高科技企业和传统行业布局保险科技情况等。

政策环境分析框架。主要涵盖以下四方面内容。一是美国金融科技监管，包括金融科技生态政策框架、支持金融科技发展原则，以及互联网支付、虚拟货币、智能投顾等业务监管规则。二是英国金融科技监管，包括英国革新项目计划、沙盒监管制度、培育科技监管企业举措，以及网贷业务监管规则等。三是新加坡金融科技监管，包括新加坡金融科技支持政策，以及金融科技沙盒监管制度。四是中国金融科技监管，包括梳理中国金融科技监管历程、当前金融科技监管框架与困境，以及造成监管困境的制度根源，进而判断金融科技监管政策趋势。

总体发展规划分析框架。主要涵盖以下三方面内容。一是总体规划目标，包括集团公司赋予金融科技产业发展的指导思想、金融科技产业发展的奋斗目标和分阶段目标。二是企业经验借鉴。从开拓者和突围者两个维度借鉴，包括标杆企业业务现状、金融牌照资质、业务发展历程、资本运作历程，以及打造竞争力的发展举措等。三是核心发展策略，包括谋划企业战略和阶段性目标、借助技术开发场景性金融产品、输出金融科技、服务集团发展目标，以及获取金融牌照资源等。

业务发展规划分析框架。主要涵盖以下四方面内容。一是具体业务行业现状研究，包括行业发展背景、市场结构和监管政策，行业发展阶段和商业模式等。二是行业发展经验研究，包括从流量、技术、产品服务、融资等角度总结行业发展模式。三是企业发展经验研究，包括企业发展历程、商业模式，以及打造场景、风控和资金等竞争优势的具体举措等。四是具体业务发展思路，包括结合场景设计产品、利用资本运作快速发展、提升融资效率和健全风险控制体系等。

规划保障措施分析框架。主要涵盖以下四方面内容。一是争取集团支持，包括金融牌照、业务和资金支持。二是弘扬创新文化，包括营造创新文化、孵化创新项目和完善创新考核体系。三是人才制度改革，包括内部人力资源市场化、核心人才激励措施。四是金融风险防范，包括严把准入关、规范投资交易和筑牢风险篱笆等。

5. 具体性分析框架：资本运作视角

从资本运作视角制定企业金融规划，需要充分考虑这一视角的独特性。譬如，分析资本市场改革方向时，需要探讨这些政策举措对集团旗下上市公司融资、估值、证券化率和全球资金配置的影响；分析资本运作经验借鉴时，需要研究优秀案例对集团公司的启示价值；分析资本运作历史经验时，需要从道和术两个层面进行提炼；分析资本运作应对之策时，需要结合资本市场改革方向、资本运作既往经验和当前现实起点出招。

资本市场发展成就分析框架。主要涵盖以下四方面内容。一是资本市场规模，包括股票市场市值、债券市场托管量等。二是资本市场体系，包括企业上市制度、债券市场产品创新，以及金融衍生品等。三是资产证券化，包括贷款抵押债券（CLO）和企业资产支持证券（ABS）规模增长情况。四是市场运行制度，包括市场建设、市场开放、投资者保护和监管政策等。

资本市场发展隐忧分析框架。主要涵盖以下四方面内容。

一是直接融资比例，包括货币化率、融资结构等指标，以及相关指标的国际比较。二是市场参与者成熟度，包括上市公司、证券公司、律师事务所、会计师事务所等中介机构，以及投资者等市场主体行为评估。三是股市难进难出问题，包括新股发行进度和价格约束、上市公司退出机制等。四是境外企业来华上市通道缺失。

资本市场改革方向分析框架。主要涵盖以下四方面内容。一是提高资本市场运行效率，包括解决好资本市场进出难题、建设科创板试点注册制、加强新三板市场建设、发展资产证券化市场、加快组建产业发展基金等。二是缓解企业融资难题，包括规范互联网金融发展、试点投贷联动机制、鼓励融资产品创新。三是保护投资者权益，完善资本市场法律规范体系，如投资者权益保护、民事权利救济等，以及推行负面清单监管改革。四是资本市场开放，包括金融产品开放、投资渠道开放，以及参与国际金融治理等。

资本运作经验借鉴分析框架。主要涵盖以下三方面内容。一是交易各方基本情况，包括交易前、交易后企业规模、业务类型、股权结构和财务业绩变化。二是交易操作方案，包括境内重组、境外重组的操作步骤。三是重组经验借鉴，包括交易结构和技术方案、政策豁免突破等。

资本运作历史经验分析框架。主要涵盖以下三方面内容。一是资本运作之路。从专业化、多元化以及国际化等方面分解资本运作过程。二是资本运作之道，包括抓住国际资产价格低估良机展开并购、收购不同类型资产平衡现金流，以及财务公司统一协调和不同产业上市公司独立运作等。三是资本运作之术，包括产业并购与金融并购，通过资产重组保障并购溢价，通过定向增发增资不失控制权，通过挂牌新三板布局价值洼地，通过资金链互补保障资本运作畅通，通过股权质押融资深挖杠杆价值，通过增加债券融资调整财务结构，发展互联网融资渠道,以及动态调整杠杆管理市值等等。

资本运作现实起点分析框架。主要涵盖以下三方面内容。一是资产负债结构,包括资产负债扩张不同步、流动性风险、集团公司和上市公司现金流缺口等。二是公司经营质量,包括盈利能力、资产周转速度、资金使用效率、财务费用、汇兑损失等。三是财务风险状况,包括关注定向增发和股利分配政策对上市公司股价的影响,防范上市公司资金关联导致财务风险传递,关注股权质押、关联担保等融资渠道产生的金融风险等。

资本运作应对之策分析框架。主要涵盖以下七方面内容。一是强化产融结合战略,包括结合产业发展阶段,促进经营与金融协同;建立完善内部资本市场,提高财务管理水平;打造融资窗口平台,联通内外资本市场;多类基金分头出击,积极整合社会资本;妥善控制金融风险,加速多元化与国际化。二是顺应资本市场改革,包括紧抓市场化改革机遇,提升上市公司质量;紧跟市场有序开放,加快全球资本运作;顺应监管强化趋势,保护投资者利益。三是加大直接融资力度,包括继续拓宽融资渠道,有效控制融资成本;提高资产证券化率,优化资源配置效率。四是合理整合产业资源,包括立足企业长远价值,整合战略新兴产业;整合社会资本,创新并购形式;依托国家开放战略,稳步推进跨境并购。五是构建境外运作平台,包括从业务实施和机构设置层面建立全球资金管理平台,探索建立多币种一体化资金池,借力国际银行网络体系,完善境外资产退出机制。六是优化资产负债管理,包括采取主动型资产负债匹配管理模式,优化资产端产业组合,调整负债端期限结构。七是提高市值管理水平,包括深化市值管理内涵、优化股权结构的市值管理、调整股本总量的市值管理等。

资本运作保障措施分析框架,包括发挥"外脑"作用,科学支持内部决策;集团架构统分适度,板块连接有机顺畅;外化集团精神力量,培育一流管理人才。

二　集团总部视角下的企业金融规划
——以航运业集团A"五年规划"为例

航运业集团A不仅积淀了优秀的管理团队和丰富的人才储备，形成了相对完善的现代企业管控体系，而且打造了完整的现代服务产业链，形成了合理的区域布局，还建立了广泛的社会合作关系，形成了诸多方面的核心竞争力。航运业集团A终极发展目标是成为"模式创新、贡献卓著的世界一流企业"，当前发展目标是五年之内成功跻身世界级企业。

本章以航运业集团A"五年规划"为例，拟从集团总部视角解析企业金融规划的方法论和实践。具体逻辑结构如下。

首先阐述航运业集团A发展的内外部环境。宏观趋势方面，包括国际经济环境、国内政治经济环境、集团所属行业市场趋势，以及相关政策环境；竞争环境方面，总结航运业集团A发展历程，分析未来发展机遇和现实挑战，挖掘集团资源优势和核心能力。其次研究航运业集团A的总体发展规划，包括制订规划指标体系、量化具体目标数值、明晰总体发展方针和核心发展策略。再次，以金融产业为例，剖析航运业集团A发展的产业规划；借鉴汇丰集团发展经验，明晰追赶标杆企业路径；明确规划定位，将金融产业建设成以直投为特色的投资银行；全面布局，打造具有业务特色的金融服务体系；多方保障，完善配套服务体系。复次，以资本风控为例，剖析航运业集团A发展的职能规划，通过借助市值管理，布局资本市场全球化，通过强化内部管理，实现风险防范制度化。最后，提出了航运业集团 A "五年规划"的保障机制。

（一）宏观环境分析

1. 国际经济趋势

世界经济继续高速增长。过去两百年，全球经济历经了三个大的发展周期：第一个周期（1870—1913 年），发展动力是 19 世纪中叶的工业革命；第二个周期（1946—1973 年），发展动力是二战后的全球重建；第三个周期（2000—2030 年），发展动力是全球化和绿色工业信息革命。尽管受到金融危机影响，但全球发展态势并未根本转变。由于全球化深入发展，世界经济面貌将会出现前所未有之变革，绿色工业信息革命势不可逆，新兴经济体将会崛起，世界经济将建立新的格局。

国家之间依赖不断增强。经济全球化涵盖社会再生产的各个环节（生产、分配、交换、消费）和资本运动的各种形态（货币资本、生产资本、商品资本）。经济全球化主要表现为：一是国际分工从过去以垂直分工为主发展到以水平分工为主；二是世界贸易增长迅猛和多边贸易体制开始形成；三是国际资本流动达到空前规模，金融国际化进程加快；四是跨国公司对世界经济影响日增；五是国际经济协调作用日益加强。

绿色创新成为时代主题。绿色经济部门将成为世界经济主导产业，绿色技术将成为世界经济的主流应用。以水电、太阳能等非化石能源为主的绿色能源比重将大幅提升，碳排放水平将与经济增长脱钩甚至随着经济增长而减少。低消耗、低排放的新型企业快速增长将成为全球发展趋势。

新兴经济体正快速崛起。新兴经济体将以更高速度赶超发达国家，并成为全球最富活力地区。预计 2010—2030 年，全球经济年均增长率将达到 4.3%。美国、日本和欧盟经济增长率将低于2.7%，亚洲、非洲地区经济增速将显著高于全球平均水平。

2. 国内经济趋势

中国经济持续高速增长。中国处于经济起飞阶段，仍将保持高速增长。根据国家规划目标，"十二五"时期国内生产总值年均增长7%；城镇新增就业4500万人，城镇登记失业率控制在5%以内；价格总水平基本稳定；国际收支趋向平衡；经济增长质量和效益明显提高。

居民消费结构全面升级。三大支柱支撑中国消费持续增长：一是经济快速增长、工资大幅提高、服务业迅猛发展等因素促进居民收入进一步提高。二是政府支出增加、收入分配体制改革等因素引起储蓄率进一步降低。三是城市化加速、经济发展水平提升等因素促使居民生活质量不断提高。

新型城市化正稳步推进。"十二五"时期，以东部三大城市群为核心经济圈将率先成为引导中国空间组织结构优化的先行区域，"两横三纵"空间布局战略将逐步推进。2010—2015年，中国城市化率以年均4%的速度推进。

3. 行业发展趋势

民航业持续快速发展。国内民航客运、货运量进一步增加，通用、支线航空进一步发展。"十二五"时期，民航投资规模超过1.5万亿元，年旅客运输量达到4.5亿人次，包括通用航空飞机在内的机队规模超过4500架。2011年航运业集团A航空产业运营飞机290余架，开通航线500余条，通达130多个国内外城市。

物流业继续较快发展。随着内外贸航运需求快速增长，造船实力不断增强，港口集装箱吞吐量增加，中国成为世界航运中心。"十二五"时期，社会物流总额达到967万亿元，社会物流总费用达到34.2万亿元。目前航运业集团A物流产业拥有各类船舶近100艘，全货机13架，造船能力位居全球第11位。

金融业全面蓬勃发展。"十二五"末期，居民储蓄率下降到46%，资本市场直接融资占比增加到25%，保费年均增速为14.8%左右，并最终成为世界第三大保险市场。目前航运业集团A金融产业拥有投行、金融租赁、信托、保险、证券、银行、期货、产业基金、融资担保、保理、小额贷款等业务牌照，网点遍及中国的北京、上海、香港，奥大利亚的悉尼等。

旅游对经济贡献显著。随着经济转型、扩大内需政策实施，旅游业将迎来黄金发展期。"十二五"末期，国内旅游人数达33亿人次，入境过夜旅游人数达6630万人次，出境旅游人数达8375万人次，旅游总收入达到2.3万亿元。目前航运业集团A旅游产业业务涵盖航空、旅游、支付卡、票务网站、外汇零售等。

商品零售业发展迅猛。网络购物对实体超市和商场冲击加大，"实体+虚拟"商城模式将是零售业未来潮流。"十二五"时期，中国消费占GDP的比例维持年均增长0.5%。"十二五"末期，境内社会消费品总额超过26.6万亿元。目前航运业集团A零售产业包括零售商业、网络商业、地产商业、投行商业等四大业态。

房地产行业稳步发展。"十二五"时期，城镇居民人均住房建筑面积增速维持在2%以上，房地产开发投资总额年均增速20.7%，平均房价将在波动和调整中小幅上涨。目前航运业集团A房地产土地开发面积达到1000万平方米。

酒店业发展前景良好。境内酒店业进入买方市场，提升酒店品牌价值，实行集团化连锁经营，特别是发展经济型酒店成为趋势。"十二五"末期，中国星级酒店达到1.23万家，经济型酒店数达到1.97万家。目前航运业集团A拥有国内外星级酒店50余家。

区域性机场建设加快。"十二五"时期，机场旅客吞吐量年均增速为8.5%，机场货邮吞吐量平均增速为5.6%，西南地区将有12个新建机场开工建设；西北地区将推动23个新建，或迁建机场工程建设。目前航运业集团A拥有13家成员机场，旅客吞吐量达2325万人次。

4. 产业政策支持

改造提升先进制造业。国家重点支持装备制造、船舶、汽车、钢铁、有色金属、建材、石化、轻工、纺织等行业。与航运业集团A相关的行业是船舶制造。航运业集团A将推进散货船、油船、集装箱船三大主流船型升级换代，具体发展举措包括两方面：一是重点发展大型液化天然气船、大型液化石油气船、远洋渔船、豪华游轮等高技术高附加值船型；二是加快海洋移动钻井平台、浮式生产系统、海洋工程作业船和辅助船及关键配套设备、系统自主设计制造。

构建综合交通运输体系。国家重点支持完善区际交通网络，建设城际快速网络，优先发展公共交通和提高运输服务水平。与航运业集团A相关的行业是港口和民航。航运业集团A具体发展举措包括：港口方面，将建设北方煤炭下水港装船码头及华东、华南煤炭中转储运基地工程，大连等港口的大型原油接卸码头工程，宁波—舟山等港口大型铁矿石接卸码头工程，上海、天津等港口集装箱码头工程；机场方面，将建设北京新机场，扩建广州、南京、长沙、海口、哈尔滨、南宁、兰州、银川等机场，新建一批支线机场和通用机场。

加快推动服务业发展。国家重点支持加快发展生产性服务业，大力发展生活性服务业。与集团相关的行业是生产性服务业和生活性服务业。航运业集团A具体发展举措包括：生产性服务业方面，将有序拓展金融服务业、大力发展现代物流业、培育壮大高技术服务业、规范提升商务服务业；生活性服务业方面，将优化发展商贸服务业、积极发展旅游业、鼓励发展家庭服务业、全面发展体育事业和体育产业、大力发展文化产业。

（二）竞争环境分析

1. 集团发展历程

集团裂变历程大致包括三个阶段。一是"精"的发展阶段（1990—1999年），仅涉足航空运输行业，经营区域限于单一省份。这一时期，航运业集团A集中主要人力和财力深耕主业，为后来裂变奠定坚实基础。二是"大"的发展阶段（2000—2009年），开始涉猎航空旅游、物流和金融业，逐渐向综合性集团转变。这一时期，航运业集团A主要经营区域在国内，但开始走向国外。三是"强"发展阶段（2010—2014年），集团旗下诸多产业获得较快发展，航空和物流产业优势更加明显，同时涉足船舶制造、新能源等产业。这一时期，航运业集团A主要经营区域仍在国内，但产业布局国际化进程提速。

集团对标历程大致包括两个阶段。一是稳定追赶阶段（2000—2007年）。这一时期，航运业集团A以相对稳定的速度追赶世界500强。2007年航运业集团A营业收入232亿元，相当于世界第500强企业的18.28%。二是加速追赶阶段（2008年至今）。金融危机后，航运业集团A追赶世界500强企业速度显著加快。2008—2010年期间，航运业集团A营业收入占世界第500强企业的比例从21.72%迅速上升到70.23%。2008年金融危机对欧美发达国家经济造成严重的负面影响，也对这些国家世界500强企业造成一定冲击，而中国政府的应对举措有效地降低了此次金融危机对中国经济的负面影响。航运业集团A充分利用这次机遇，实现了对世界500强企业的加速追赶。

2. 未来发展机遇

全球市场发展机遇。一是全球稳定赋予航空业和平红利，为航空业拓展国际市场奠定基础。二是中国世界市场地位对应着巨大物流需求。航运业集团A物流产业顺应发展潮流、趁势而上，加速自身发展。三是国家软实力快速提升将增加中国文化产品的消费需求。航运业集团A吸收中国文化精髓塑造自身品牌，不断扩大自身影响。

中国国家崛起红利。"十二五"时期，国际环境推动航运业集团A走向世界：一是国际经济地位提升和内外贸航运需求增长，加速中国成为世界航运中心；二是消费市场不断扩大，为航运业集团A扩大市场份额提供机遇；三是金融业不断开放，提升中国金融机构竞争力。

国内产业政策机遇。一方面，"两横三纵"空间布局聚集资源，为航运业集团A优化产业空间布局提供机遇；另一方面，产业结构优化政策为航运业集团A获得政府支持、培育优势产业提供机遇。

业务协同成长机遇。一是相关产业协同。基于航空运输产业基础，航运业集团A从"人流"衍生出旅游产业，从"物流"衍生出立体化运输产业，从"资金流"衍生出融资租赁产业。二是金融与实体协同。金融产业为实体产业提供融资和价值管理服务，实体产业为金融发展创造金融需求。三是虚拟和实体协同。线下实体为线上运营提供信用基础，线上运营为线下发展导入流量。

3. 当前现实挑战

行业竞争较为激烈。一方面，航运业集团A涉猎行业范围不断扩大，并购标的企业不断增多，但整合资源创造经济效益难以立竿见影；另一方面，航运业集团A所属部分子公司特色优势不够突出，主营业务没有形成独特的核心竞争力。

内外市场双重竞争。国内竞争方面，相较于各行业前列企业，航运业集团 A 旗下企业规模、产业优势和可用资源等存在不小差距；国际竞争方面，跨国公司不仅争夺世界市场，而且紧密布局中国市场，对航运业集团 A 国际化形成双重挤压。

企业高速扩张风险。一方面，宏观经济风险、金融风险、政策风险等系统风险，随着增加航运业集团 A 规模壮大逐渐变得无法忽视；另一方面，微观经营风险、财务风险、多元化风险等非系统风险，也随着航运业集团 A 发展开始增加并相互交织。

4. 集团优势资源

丰富的有形资源。实物资源方面，拥有 290 余架飞机和 11 个运营基地，开通国内外航线近 500 条，通航城市 130 个，旗下酒店数量达到 46 家，同时储备拓展业务所需各种资源，如不可再生的机场和充足的土地资源等；财务资源方面，拥有近十家上市公司，与商业银行等金融机构具有良好合作关系；人力资源方面，拥有丰富的专业人才、国际人才，以及大量年轻管理人员。

深厚的无形资源。难以被其他企业模仿或替代的无形资源包括：高效的组织结构、强大的文化软实力、卓越的企业品牌和良好的商誉、广泛而忠实的客户群，以及优秀的战略合作伙伴等。

强劲的组织资源。以三大支柱产业为依托，重点布局国内市场，并稳步推进国际化。通过搭建高信用等级集团平台，不断提高旗下产业竞争力和充分促进产业协同，实现从"大而全"向"大而精"转变。

5. 集团核心能力

价值创造能力。宏观方面，始终能够前瞻性地预判市场需求走向；微观方面，精准察觉消费群体需求差异性，利用自身强大生产能力及时提供满足市场需求的产品和服务。

兼并整合能力。兼并方面，敏锐地寻找符合集团业务发展的优质目标，运用强大谈判能力和灵活应对策略收购或兼并目标企业，从而拓展业务范围和价值增长点；整合方面，将企业文化和经营理念贯彻到收购后企业，利用相邻产业资源优势和品牌影响形成范围经济效应。

经营管理能力。市场能力方面，提高产品和服务质量，开发出新客户群，提高产品市场占有率；协同能力方面，将财务管理与经营管理相结合，提高成本控制管理水平和企业财务状况控制能力。

财务管理能力。一是设计合理的资本结构，有效降低企业融资成本；二是高效使用资金，追求长期持续盈利能力；三是合理预测未来现金流和控制加权资本成本，最大化企业价值组合。

（三）总体发展规划

1. 总体规划目标

规划目标及实施步骤。航运业集团 A 终极规划目标是成为"模式创新、贡献卓著的世界一流企业"。实现终极规划目标，预计需要历经三个阶段：第一步，2015 年跻身世界级企业，集团营收进入世界 500 强榜单；第二步，2020 年成为世界优秀企业，旗下两个产业集团进入世界 500 强榜单；第三步，2025 年成为世界一流企业，旗下若干产业集团进入世界 500 强榜单。

规划指标体系的设计。参照国家五年规划指标体系，结合实际业务特征，设计航运业集团 A 五年规划目标体系（如表 1）。航运业集团 A 发展规划指标体系涉及三大领域，共 16 个指标。一是经济指标（7 个）。需要说明的是：全球排名采用的是

《财富》500强榜单；全球行业前十名企业采用的是国际通用的投资型全球行业分类系统（GICS）；驰名商标指的是集团长期使用、享有较高市场声誉的商标。二是社会指标（6个）。需要说明的是：吸纳间接就业人数指的是集团经济活动而间接产生的其他机构提供生产资料和劳动报酬而吸纳的就业人数；服务人口包括为顾客提供的有形产品、无形产品、无形产品交付和为顾客创造氛围等活动；忠诚顾客指的是长期重复购买集团产品和服务的顾客；员工满意度指的是员工对工作特征的认知评价。三是绿色指标（3个）。需要说明的是：单位收入二氧化碳排放是集团实现低碳发展的核心指标；单位收入能耗是衡量集团能源利用水平和效率的综合性指标；主要污染物排放包括气态、液态和固态污染物排放，是衡量集团绿色发展的主要指标。

表1　　　　　　　　航运业集团A发展规划指标体系

类型	具体指标	2010年	2015年	年均增长（%）
经济指标	企业收入全球排名		100	
	全球500强企业数（个）	0	1	
	全球行业前十名企业数（个）	0	1	
	收入总量（亿元）	900	60000	[132]
	资产总量（亿元）	3400	15000	[35]
	拥有驰名商标数（个）	2	15	[50]
	研发投入占营收比例（%）			[10]
社会指标	吸纳直接就业人数（万人）	8	30	[30]
	吸纳间接就业人数（万人）	20	110	[41]
	缴纳税费总额（亿元）	24	200	[53]
	服务人口（万人次）	7000	30000	[34]
	忠诚顾客数（万人次）	600	2000	[27]
	员工满意度（%）	50%	>70%	

续表

类型	具体指标	2010 年	2015 年	年均增长（%）
绿色指标	单位收入二氧化碳排放下降			[20]
	单位收入能耗下降			[20]
	主要污染物排放下降			[15]

资料来源：战略研究部。

规划指标的数值量化。跻身世界级企业需要从经济能力、社会价值和绿色贡献方面进行综合度量。一是集团营业收入进入世界500强，旗下产业集团与所在行业标杆企业差距不断缩小。二是拥有世界影响力的品牌。将拥有全球知名品牌，以及多个国内驰名商标。三是成为创新标杆企业。商业模式创新方面，形成独具特色、集成创新的多样化商业模式；技术创新能力方面，研发投入占营业收入比例达到10%。四是成为幸福消费综合运营商。服务人次达3亿人次，忠诚顾客数超过600万人，交易规模超过1万亿元。五是成为社会责任模范企业。2015年创造直接就业人数30万人，间接就业人数110万人；税费增长1.5倍以上，缴纳税费总额超过200亿元。六是成为绿色发展企业。单位收入能耗下降20%以上，单位收入二氧化碳排放下降20%，主要污染物排放下降15%。

2. 总体发展方针

实施"三大裂变"战略。价值裂变方面，整合集团资源，放大资产价值；产业裂变方面，构建现代服务业、现代制造业，以及战略性新兴产业三大产业族群；区域裂变方面，依托区域总部深耕国内市场，依托香港市场开拓国际业务。

实施"四大创新"战略。经营模式方面，主要是塑造获取资源、把握机遇，以及培养能力的竞争优势；盈利模式方面，主要是集团总部价值经营、产业集团资本经营，以及成员企业产品经营三个层面；资本经营方面，主要是合理利用国际国内资本市场放大资产规模、优化产业布局；产业经营方面，主要是整合虚拟和实体经济，涉及现代金融、实体经济和信息技术等等。

实施"五大转型"战略。模式转型方面，从实体经济为主到实现虚实互动；产业转型方面，从以现代服务业为主到积极发展新型产业；区域转型方面，从以国内市场为主到成为国际化企业；融资转型方面，从以国内资本市场为主到依托香港利用国内外资本市场；经营转型方面，从传统经营模式到云模式经营。

3. 核心发展策略

多维投资、优化组合。通过全面投资并购和合理产业组合实现裂变式发展。一是按资产负债率、资本回报率，及资本回收期限优化组合产业群，降低风险。二是按企业发展规律，梯次搭配核心业务、发展业务和未来业务，实现产业升级。三是构建完整产业链，实现产业内和产业间有效协同。

产融结合、虚实互动。一方面，借鉴国际企业发展经验，实现金融产业与实体产业良性互动；另一方面，构建基于互联网和物联网核心竞争力，实现虚拟产业和实体产业有效结合。

深耕国内、布局国际。围绕城市化战略格局，优化国内产业布局。以中国香港为基地，推动亚、非和欧美地区发展，加快国际化步伐。

实施云战略、打通内外。建设内部云方面，构建以应用程序为核心的数据中心，前瞻性引入新的运营管理技术。建设外部云方面，推动实现功能标准化、服务自动化，以及供给按需化。

（四）产业发展规划：以金融产业为例

集团产业总体概况。目前航运业集团 A 已经形成以航空旅游、现代物流、现代金融服务为三大支柱的现代产业体系，以及以航空、物流、金融业务为载体的八大产业集团。一是航空产业，业务涵盖干支线客货运输、公务机、旅游包机、飞机维修等。二是物流产业，业务涵盖综合物流、集装箱运输、散杂货运输、油轮运输、特种船运输、驳船运输、航空货运、码头建设与管理、船舶与船员管理等。三是金融产业，拥有投资银行、金融租赁、信托、保险、证券、银行、期货、产业基金、融资担保、保理、小额贷款等。四是旅游产业，业务涵盖旅游、支付卡、票务网站、外汇零售等。五是商业产业，销售网络遍布陕、甘、津、沪、京、琼。六是实业产业，业务涵盖房地产开发投资、酒店运营管理、绿色食品和农业、实业投资及金融运作。七是机场产业，运营十余家成员机场，年旅客吞吐量超过 2000 万人次。八是造船产业，拥有若干家船厂、柴油机厂和船舶配套企业。

集团总体发展思路。一是重点发展支柱产业。加大投资力度发展航空、旅游、商业、地产、机场、物流、金融等支柱产业，打造航空旅游、现代物流、现代金融、商业地产产业链，构建现代都市型服务业产业群。二是培育发展成长产业。发展船舶制造、船舶配套、海洋工程、游轮制造等成长性产业，围绕造船与修船产业链发展多元化业务，培育可持续发展的新支柱。三是孵化发展新兴产业。依托区域总部，积极发展新能源、文化教育、海洋产业、医疗健康、养老等新兴产业，孵化新的增长点。四是优化完善产业组合。合理搭配周期与非周期行业，平衡现金流进出，实现收益最大化与风险最小化。

金融产业发展思路。一是强化金融业融资能力，打造金融控股集团；二是加快金融创新，推进国际化平台建设；三是加强金融产业与其他产业集团协同发展。基于产业发展背景，本部分试图从产业集团规划视角理解金融规划的方法论和实践。

1. 研究标杆，加快追赶汇丰集团

汇丰集团发展历史。航运业集团 A 金融产业对标的是汇丰集团。汇丰集团创办于 1865 年，发展迄今经历四个阶段：一是业务起步阶段，1865 年创立后，开始从事贸易金融资金结算和融资业务；二是崭露头角阶段，1970 年后为香港政府和英国政府亚太业务提供投融资等金融服务；三是业务扩张阶段，通过一系列兼并收购拓展业务，亚太市场方面，入股中国平安、合资设立印度卡纳拉汇丰东方银行商业人寿，进入保险领域，欧洲市场，入股米特兰银行，拓展包括信托在内的业务领域；四是进军投行阶段，汇丰集团前后雇用近 700 名投资银行家，建立汇丰投资银行部门。但相较于花旗、高盛等国际老牌投行，汇丰并购咨询业务仍有相当差距。

汇丰集团业务概况。汇丰集团总部位于伦敦，业务遍及欧洲、亚太、美洲、中东、非洲等 87 个国家，旗下企业分别在伦敦、香港、纽约、巴黎等证券交易所等上市。2010 年汇丰集团资产合计 2.45 万亿美元，营业收入合计 542 亿美元，税前利润合计 190 亿美元。汇丰集团业务结构如下。一是个人理财。为 1.2 亿个人客户提供理财服务，包括储蓄、按揭、保险、信用卡、贷款、退休金和投资等。消费融资业务已经逐渐融入个人理财业务。二是工商业务。为超过 250 万家企业提供金融服务，产品覆盖融资服务、资金管理、国际贸易融资、商务卡、保险和网上银行等。三是环球银行和资本市场业务。为政府、企业和机构客户提供财务解决方案，包括融资、财务顾问和交易等银行服务，以及信贷、利率、外汇、货币市场等资本市场业务。四是私人银行。为高净值客户提供银行、投资和财富管理顾问

服务。汇丰集团收入结构：个人理财业务占比35%，环球资本市场业务占比32%，工商业务占比20%，私人银行业务占比5%。汇丰集团扩张经验对金融板块具有重要借鉴价值。

汇丰集团发展经验。一是看清大势，顺势而为。顺势而为是汇丰集团成为时代佼佼者最宝贵的经验。一方面，顺应了英国商行逐渐衰退、华人商行开始崛起的趋势，及时将旗下和记黄埔转让给李嘉诚，并协助包玉刚成功控股九龙仓。经济结构变迁过程中，汇丰集团抓住市场新贵，成就香港霸主地位。另一方面，抓住了世界经济格局转变的契机。1977—1997年，汇丰集团实现了亚洲、欧洲、美洲业务版图三足鼎立；1998年开始，汇丰集团就将投资目光转向新兴市场，布局印度和中国，比高盛集团"金砖四国"概念领先五年。二是布局全球，减少局部冲击。通过多元化经营和风险分散策略，汇丰集团多次成功化险为夷。1998年汇丰银行遭遇亚洲金融冲击，净利润同比跌幅高达46%，但汇丰集团净利润为334亿港元，同比仅减少81亿港元。其中，经过重组后的英国米特兰银行贡献了16亿美元利润。借助国际化战略，汇丰集团经营业务遍及世界各地，有效分散了区域性经济风险。三是通过并购实现裂变。增值管理阶段，重点是确保股东回报增长。1998年12月，汇丰集团提出五年内股东总回报翻番、盈利能力和股本回报率超过主要竞争对手的目标计划。随后，汇丰集团开启超过500亿美元的全球并购步伐，投资并购涵盖个人理财、商业银行、企业银行、环球银行资本市场，以及私人银行业务等。汇丰集团还出台相关措施配合计划实施，包括协调和整合集团旗下的企业银行与投资银行业务、在特定市场集中推出个人理财服务、采用经调整风险的资金成本计算法调配资源等。1998—2003年，汇丰集团资产由4830亿美元增加到1.03万亿美元，累计投资收益高达113%，高于同等级别金融机构85个百分点。增长管理阶段，重点是寻找全球最具潜力的地区，争取最有价值的目标客户。2003年12月,汇丰集团再次提出通过兼并收购实现整体增长目标,但收购目标必须符合汇丰控股战略:第一年之内,收购项目必须保证每股收益增加;四年之内,每股收益必须超过资金成本,且能增加重要客户。2008年汇丰集团资产合计2.52万亿美元,相当于2003年的2.45倍。

追赶汇丰集团路径。一是标杆企业发展预测。随着汇丰集团"增长计划"结束,特别是经历了次贷危机后,业务进入重整期,全球战略已经从"追求成为全世界的本地银行"调整为"只在能够到达有利可图的业务规模地区进行零售银行业务"。航运业集团A战略部门认为,2011—2015年,汇丰集团营业收入和总资产复合增长率均在1%左右;2016—2020年,汇丰集团营业收入和总资产复合增长率均在4%左右。二是对标汇丰分析差距。相比汇丰集团,航运业集团A金融板块成立仅四年,两者实力悬殊明显。2010年航运业集团A金融产业营业收入为汇丰集团的0.7%,总资产为汇丰集团的0.4%。三是制定赶超标杆计划。未来五年,航运业集团A金融产业仍处于战略扩张期,通过推出新产品、拓展新市场来实现远高于汇丰集团增长速度。2020年航运业集团A金融产业营业收入和总资产分别为汇丰集团的9%和4%,航运业集团A金融产业营业收入和总资产将分别为汇丰集团的13.3%和8.5%。

2. 明确定位,建设直投特色投行

投行业态的国际环境。后金融危机时代,世界金融监管体系更趋严格和完善,特别是对大型金融机构监管标准将更加严格,对高风险业务管理将更加审慎。在银行业与证券业"融合—分离—再融合"中发展起来的投行业,将扮演着更加重要的角色。未来全球投行业发展趋势如下。一是业务特色化。在多元化业务结构基础上,国际投行将致力于追求特色

业务和差异化竞争力。例如，高盛公司侧重于交易与投资业务，美林公司侧重于佣金业务，摩根斯丹利公司侧重资产管理业务。二是业务新兴化。未来国际投行业务收入将集中于创新投资银行业务，尤其是和高技术紧密结合的创新业务。例如，依托网络金融进行的投行业务创新，以及依赖金融工程等进行的结构化创新等。新技术使用改变了投行业务概念、界面和流程，财务顾问、融资业务、资产管理等创新业务占比将持续增加。目前全球主要投行收入结构中，佣金、自营等传统业务占比30%，创新业务占比已经超过50%。三是收入全球化。随着投行跨国经营愈演愈烈，国际业务收入占比不断提高。2009年高盛公司净收入为451.73亿美元，其中国际业务占比高达43%。

投行业态的国内环境。中国将继续鼓励金融创新，提高直接融资比重，加快多层次市场建设。金融机构向多元化领域蔓延、大型企业集团进军银行业、民营资本参股金融业等现象更加频繁。未来国内投行业有以下发展趋势。一是向直投业务转型。21世纪初，国内投行中间业务收入占比超过80%，2010年这一比例下降到60%以下。目前中金公司、中信证券、招商证券、海通证券等29家投行已经进入直投业务，谋求直投业务与中间业务协同发展。总体上讲，国内投行直投业务发展相对滞后。一方面，证监会为防止利益输送，对投行"保荐+直投"业务设置诸多限制，近两年刚刚开始有所放开。另一方面，国内投行大多依托承销等中间业务发展起来，缺乏直投业务所需的长期稳定资金保证，以及产业支撑优势、行业整合力和多元金融工具协同。二是联合银行、保险机构发挥协同效应。银行和保险公司具有客户资源和资金融通等优势对投行直接融资形成有益补充，而投行通过深度挖掘客户价值也能为银行和保险公司提供更多业务机会。三是优胜劣汰竞争越发激烈。未来资本市场会形成由全国性大中型券商为主体、由小型地区性或专业性券商所为梯队的行业结构。一些经营管理落后、内部控制薄弱的券商将被淘汰出局。

进军投行的优势资源。一是具有门类齐全的金融工具。拥有投资银行、金融租赁、信托、保险、证券、银行、期货、产业基金、融资担保、保理、小额贷款等18项金融业务资质。二是依托集团产业发展直投业务，包括租赁、信托等，形成较强的行业整合力和突出的金融产品创新能力。三是积累金融投资、并购、整合的经验和人才，为建设以直投业务为主体的创新性投资银行打下坚实基础。

金融规划的指标体系。参照集团规划指标体系，结合金融产业实际特征，设计金融产业"五年规划"目标体系（如表2）。航运业集团A金融产业发展规划指标体系涉及三大领域共13个指标。一是经济指标（7个）。相较于集团规划体系，保留了营业收入、总资产和净利润等绝对指标，增加了集团发展和标杆企业两大视角观测的相对指标。二是社会指标（4个）。相较于集团规划体系，仅保留与金融行业相关的吸纳直接就业人数和间接就业人数、缴纳税费总额、员工满意度等。三是绿色指标（2个），剔除了与金融产业关联性不高的主要污染物排放指标。

表2　　　　航运业集团A金融产业发展规划指标体系

类型	具体指标	2010年	2015年	年均增长（%）
经济指标	营业收入（亿元）	110	1255	[63]
	总资产（亿元）	630	6100	[57]
	净利润（亿元）	5.4	76	[70]
	营收占集团比例（%）	12	19	
	资产占集团比例（%）	29	29	

续表

类型	具体指标	2010年	2015年	年均增长（%）
经济指标	营收追赶标杆比例（%）	0.7	8.9	
	资产追赶标杆比例（%）	0.4	3.6	
社会指标	吸纳直接就业人数（人）	0.06	2.5	[111]
	吸纳间接就业人数（人）	1.3	35	[93]
	缴纳税费总额（亿元）	3.6	46	[66]
	员工满意度（%）	69	>72	
绿色指标	单位收入二氧化碳排放下降（%）	0	-1	[20]
	单位收入能耗下降（%）	0	-1000	[25]

资料来源：航运业集团A战略研究部、资本控股公司。

金融规划的指标量化。金融产业发展目标是成为支持航运业集团A和国家经济发展，以综合经营为基础、以直投业务为特色的世界级投资银行。未来五年，航运业集团A金融产业目标包括以下三个。一是成为世界级金融机构。金融板块将追求资产的高速裂变、业务的全面发展、业绩的稳健支持，成为具有成长性和创造高利润的金融企业。按照规划要求，2015年航运业集团A金融产业营业收入超过1200亿元，总资产超过6000亿元。通过有效的总部管控，金融产业成员企业将努力保持快速、稳健发展，实现各业态百花齐放。二是成为集团发展的资金池。金融产业将以银行、保险、信托等为主要依托，打造境内外两大融资平台，多渠道构筑稳健丰富的资金池。按照规划要求，到2015年航运业集团A金融产业累计实现可投资资产超过1000亿元。三是促进集团全方位发展协同。金融产业将发挥集团融资和社会投资之间的桥梁作用，为航运业集团A裂变式增长提供多渠道、全方位金融支持，全力激发产业资本与金融资本融合效用，实现战略协同、投资协同、经营协同和财务协同。四是成为促进和谐、绿色发展典范。按照规划要求，2015年航运业集团A金融产业将吸纳2.5万人就业，成为金融行业最佳雇主之一；间接带来 35 万个长期就业岗位，促进社会和谐；帮助减少碳排放超过 2000 万吨；参与碳交易业务，助力其他产业板块应对碳排放。

规划目标的实施步骤。第一阶段，加快资金池建设。利用三年时间，搭建国际国内金融平台；境内平台方面，通过收购保险公司、银行和证券公司，并推动租赁公司上市进行增发和发债，为金融板块发展提供不断增长的新鲜血液；境外平台方面，通过境外并购，特别是推进香港金融平台建设，通过境外发债等方式打通国内外资金通道，引导境外资金流入资金池。此外，将打造租赁、保险、消费金融三大控股集团，拓展航运金融、政府投融资业务、消费金融和科技金融业务，并将成功模式进行复制和推广来实现版图扩张。第二阶段，建设以综合经营为基础的创新性投行。利用两年时间，完善保险公司、银行和证券公司收购和经营，努力促成主体金融机构上市来完善资金池功能，为航运业集团 A 产业稳步扩张提供支持。通过不断创新，建立基于云计算的新型金融平台和商业模式，提高金融板块核心竞争力。通过国际并购建立境外金融产业集群，在境内外金融市场中争当重要角色。

3. 全面布局，打造特色金服体系

（1）多渠道构建资金池

建立保险融资渠道。继续做大做强参、控股保险公司，同时深化并购：第一步，收购 1—2 家中型保险公司，收购寿险公司优于产险公司；第二步，组建保险控股公司，利用部分保险资金开展股权投资和房地产投资业务，以及保险理财产品业务；第三步，组建保险资产管理公司，实现保险公司资金集中配置，不断提高资金管理能力，争取获得外部资产管理委托。

构建银行融资渠道。进一步加大银行收购力度和银行资金渠道的建设力度。优先收购在经济发达地区或增长较快地区的

网点较多且已经在集团经营地域内布局多元金融工具的银行。一方面，部分银行涉足多行业直投业务，收购这些具有直投业务的银行有利于拓展业务空间。另一方面，银行可以向关联方提供不高于监管比例规定的贷款，为金融板块发展提供较为稳定资金支持。

发展直接融资渠道。第一步，完成租赁公司重组上市工作，打造首家境内上市租赁公司；第二步，利用租赁公司上市平台，通过定向增发、中期票据、公开增发等方式募集资金，为业务拓展和资产整合提供资金支持。

引进战略投资与私募基金。吸引更多战略投资者和私募基金直接投资，最终实现金融板块整体上市目标。

打造境内外资金通道。发挥境外并购能力，通过境外发债等措施，引导境外资金流入资金池。

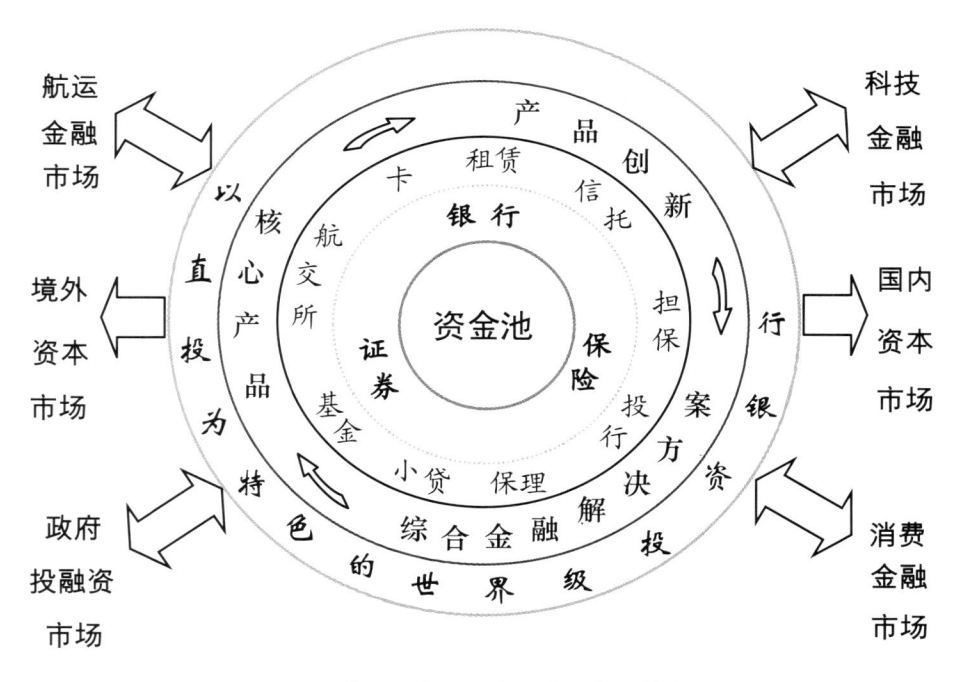

图 2　航运业集团 A 金融产业发展模式

（2）建设以直投为特色的投行

大力发展基金业务。以平台建设为重点，将租赁、船舶等产业投资基金和各类私募股权投资基金、风险投资基金作为突破口，打通境内外基金通道，实现基金募集和投资专业化。逐步扩大基金规模，形成私募股权投资基金、风险投资基金等基金产品群，成为国内知名基金管理品牌，为内外部客户提供资产管理服务。

完善投行服务业务。以现有财务顾问、并购业务为基础，加强业务开展广度与深度。以香港证券市场投融资项目为突破口，开展港股市场团队和流程建设。以财务顾问身份介入外部企业港股上市、并购与资产重组业务。与信托、保险、银行、租赁、证券经纪等各项业务进行交叉，逐步形成综合服务能力。

发展证券与期货业务。增加证券公司和期货公司资本金，完善各项业务资质，开展创新之时做好风险控制。寻找机会并购具有参与全球主要金融市场资质的全牌照投行，实现证券投资链的境外延伸。

（3）通过并购实现快速扩张

打造保险控股集团。收购保险公司，组建资金运营平台。一是优先收购寿险公司。寿险公司成长速度快，以及运用资金扩张速度快。二是优先收购中型公司。大型公司基本成熟，控股权转让成本高。三是优先收购民营企业。从经营目标和经营绩效等权衡，收购民营保险公司优于国有保险公司。

收购大中型商业银行。将优先收购在经济发达地区，或经济增速较快地区网点较多并且已经在航运业集团 A 经营业务所在地域布局多元金融工具的银行。

收购全牌照证券公司。获取全牌照经营投行业务资质，布局新兴产业，实现投行业务全面扩张，迅速开展全方面投行服务，并以此为基础构建综合性全能业务投行，为企业提供全方位金融服务。

收购国际化金融机构。配合国际化战略，重点并购大中型国际化投资银行，与现有国际平台进行整合，打造具有全业务资质、能够参与主要金融市场的国际化投资银行。

（4）构建航运金融服务体系

打造集团特色航运金融模式。以天津、上海建立"北方国际航运中心""国际航运中心"为基点，以全方位、一站式、全程化的航运金融服务为核心，以国内外航运交易所为依托，以航运业集团A强大的资金实力和信息平台为保障，借助天津滨海新区、上海洋山保税区政策优势，通过整合航运业集团A航空业、物流业和金融业，构建独特的航运融资平台、资金结算服务体系、航运保险体系以及航运衍生品服务体系，打造一体化、全流程的航运产业金融服务链。

建立全球化、网络化和一体化的航运金融服务体系。通过整合集团业务和全球资源，形成以洲际供应链与物流集成服务为核心的全球资源优化配置能力。全球化方面，为客户提供覆盖全球的航运金融服务；网络化方面，以航运金融业务板块作为航运业集团A全球海港、空港，以及物流、资金流网络节点，为客户提供跨越航空、物流和金融业态的综合性、网络化服务；一体化方面，为客户提供包括航运融资、资金结算、航运保险，以及航运金融衍生品配套服务的全产业链覆盖的航运金融服务。

（5）完善政府投融资服务体系

发展基础设施租赁。保持物业、标准化厂房、高速公路、轨道交通、管网等基础设施租赁专业优势，向基础设施相关的大型设备、新能源、电力、通信、轨道交通等领域拓展。重点向航运业集团A资源集中区域，尤其是各大总部辐射地区拓展，将成熟商业模式向全国各区域复制。紧密跟进国家试点经济区域各项基础设施建设和社会发展服务。

发展基础设施信托。加强信托产品创新和项目筛选，重点选择国家发改委和省发改委批准建设项目。委托银行作为独立项目资金管理机构。探索有效项目管理方式，比如采取股权形式直接参与项目管理。引入信用风险增级机制，如采用银行等金融机构担保通过受益权分级、设置管理费独立账户和溢价回购条款等方式，实现内部信用增级。

发展基础设施基金。与政府合作推出保障房基金、机场建设基金、旅游基金等市政特色基金，探索引入保险资金、邮政储蓄资金、社保基金等长期资金客户。

（6）构建消费金融服务体系

发展消费信贷业务和中间业务。消费信贷方面，针对不同收入水平、教育背景的消费者，实行差别化信贷服务；拓宽消费金融业务深度和广度，最大限度地满足消费者需求；运用电子化、自动化方式，降低消费金融业务成本。中间业务方面，发展代发工资、代扣代缴公用事业费等代收代付中间业务；发展网上银行服务，开展网上结算、网上购物、网上转账、网上缴费、网上理财等金融服务；发展证券交易、国债买卖、外汇买卖、结售汇等投资中间业务；发展大客户销售结算网络中间业务；发展代客理财、企业财务顾问等代客理财中间业务，发展对证券基金、保险基金、产业基金托管等中间业务。

树立小额贷款品牌。在主要城市设立小额贷款公司，进而组建小贷控股公司，与银行展开差异化经营；不断拓宽小贷公司融资渠道，解决资金瓶颈障碍；适时引入背景强大、实力雄厚的境内外战略投资者；争取消费金融公司试点，发展个性化、专业性消费金融服务。

发展第三方支付平台。依托消费行业产业基础，打造中国"运通卡"品牌；着力打造第三方支付平台，迎接消费电商时代；整合商业银行网上支付体系和第三方支付平台，为消费者提供安全、高效、便捷的消费金融服务。

（7）打造科技金融综合服务体系

提供综合金融服务方案。以航运业集团 A 强大的资金支持和创新资源为依托，通过整合租赁、担保、创投、保理以及银行等金融业态，建立金融业务协同机制，为科技企业量身打造个性化的金融服务方案。

提供全周期金融服务。科技金融业务遵循"快捷、灵活、安全"服务理念。快捷即针对中小科技企业单笔融资期限短、金额小的特点，提供快速便捷融资服务；灵活即针对中小科技企业规模小，固定资产少的特点，提供灵活金融服务方案；安全即实现全过程指导、全方位监控，最大限度降低投融资风险。

创新多样化融资方式。发展以知识产权质押、信用联保、应收账款贴现等特色，以内外部金融业态协同为手段，整合私募股权融资、债权融资、上市融资等投融资产业链，为中小科技企业全生命周期提供租赁、担保、保理、贷款、投行、创投等金融服务。

（8）推动国际化平台建设

谋划全球业务布局。长远来看，以中国香港为核心辐射亚洲，进而进军亚太和欧美。短期而言，重点布局新兴市场，特别关注"金砖五国"和"未来七国"投融资机会。以直投业务和为两国外贸企业提供投融资服务为切入点，协同航运业集团 A 其他产业板块布局，拓展业务空间。

建设境外融资平台。通过信托、发行债券、首次公开发行（IPO）、股权融资、私募、借壳等建设投融资平台，促进产融结合；提供多种金融产品和培训高端金融人才，在境外建设金融产品和金融衍生品交易基地；扶持产业公司在香港主板或海外上市，打造境外融资平台；拓展国际租赁公司海外业务发展，实现租赁业务内外联动。

开展投行业务合作。整合香港证券期货公司业务，打造拥有全牌照参与国际资本市场的专业投行，树立金融产品交易的国际化品牌；依托保险子公司香港财产险业务，开启保险经营国际化之路。

加快海外并购力度。通过并购大中型国际化投资银行，与香港证券期货公司进行整合，构建国际化金融体系；通过并购为内地企业"走出去"和"请进来"提供资本化融资平台。

4. 多方保障，完善配套服务体系

完善管控模式。一是完善董事会负责制。成立金融板块战略委员会，负责战略协调和规划评估，指导成员公司协同发展；成立投资决策委员会、风险管理委员会和人力薪酬资源委员会，指导和管控本部部门和成员公司发展。二是实行总部矩阵式管理。建立矩阵式管理体系，横轴为总部业务支持部门，纵轴为专门业务组。投行业务组围绕航运、消费、科技和政府投融资业务搭建，包括企业融资、股权基金、直接投资、资本市场、证券销售和资产管理团队。具体运作模式：以项目融资、股权基金为种子，由财务顾问部门寻找合适项目，直接投资团队负责投资，资本市场部门制订证券发行计划，销售部门承销证券，交易部门负责股票、债券、衍生品等做市管理，资产管理部门管控投资、兼顾公司理财和金融创新等业务。投行业务组与信托、保险、银行、租赁、证券经纪等业务形成交叉，提高综合金融服务能力。三是组建专业子集团。金融板块涉足多类业务，拥有多块牌照，出现产品多元化、市场分散化、业务繁杂化、部门庞大化趋势。为提高经营效率、实现规模经济和发挥协同效应，组建租赁控股、保险控股、消费金融控股三个子集团，依托集团超越式发展平台，积极开辟创新业务，着力拓展外部项目，实现资本市场化战略转型。

坚持创新发展。一是业务协同创新。进一步整合子公司行业优势，通过业务协同降低整体经营成本；通过综合经营改善业务结构，实现不同行业盈利互补。二是金融产品创新。参与期货、期权、互换、掉期等金融衍生工具投资和开发；利用多元金融业态资源优势，对金融工具进行分散和组合；利用资产证券化等创新金融工具筹措资金。重视金融工程技术包装与分割作用，重视以规避风险为目的的创新。三是区域金融创新。参与天津等地新区金融创新和试点工程，尤其是参加金融综合经营试点、排放权交易综合试点工程、离岸金融市场建设、人民币国际化试点工程、创新型科技企业金融支持体系建设等。

打造全面协同。一是金融与实体产业协同。基于航运业集团 A 现有航空、物流、商业、酒店、旅游等实体产业基础，利用客户平台、业务平台、资产平台、产业链平台等优势，展开相应的协同合作。金融板块发挥资金池作用，为实体产业集团提供包括承销顾问、并购和借壳上市顾问、项目融资顾问等投行中介服务；提供利率、汇率、燃料油价格等的风险管理服务。二是金融业态间彼此协同。依据循序渐进原则，研究金融板块内部不同金融机构从融资到投资再到产品设计等环节协同的可行区域和具体协同可行性，着重选择信托、租赁、财务公司、基金等主要业态推进，形成整建制协同作战能力，不断提高金融产业核心竞争优势。一方面，业务联合协同。通过签订内部协议，开展业务委托、代理、销售渠道合作，通过共享信息衔接不同业务机构，为顾客提供一站式服务，创造更高溢价收益。另一方面，资金融通协同。融资受限金融机构，如基金、金融租赁、消费金融公司等借助银行、信托融资功能，实现特定目的投资。银行和保险机构与具有投资特点金融机构，如证券、基金、信托等进行资金运用合作，突破监管限制。信用担保公司、保理公司通过特有业务增加其他机构沉淀资产流动性。不同金融机构可以通过资金融通和业务运作协同，增加资金流动性和提高资金配置效率。

完善风控体系。分三阶段实施。第一阶段，争取用三年时间，通过"整体规划，试点先行，逐步推广"方式，在金融板块内部开展风险评估，初步建立以流程监控为核心的风险管控体系，并逐步完善与风险管控体系匹配的内部控制体系。具体措施包括：梳理成员公司金融产品业务流程，结合成员公司业务特点引入风险分级、分类管理，督促风险责任部门立足内部控制落实风险管理措施，大力推行风险管理教育与培训等。第二阶段，争取用一年时间，构建全面风险管控的基础平台，推进全面风险管理体系各项制度、技术和专业团队建设，引进以"风险资本、经济资本"为核心的风险管理技术方法和管理工具。具体措施包括：建立集中非现场监测和风险分析报告制度，初步建立以风险资本和风险承担为标准的风险约束指标体系，构建内控标准体系和工序管理体系。在内部控制体系与风险管理有效对接基础上，将风险评估纳入日常管理和决策，敏锐捕捉风险之中蕴含的投资机遇。第三阶段，争取用一年时间，构建覆盖经营全程、集中化、专业化的风险管控系统，将风险防控能力和风险管理水平提升到国内行业领先地位。具体措施包括：建立前瞻性的以"风险资本、经济资本"为核心的风险管控决策支持平台和高效的系统控制平台，通过业务流程管理和专业作业提前识别和及时评估单一业务风险及其交叉性金融风险，并妥善制定风险处置措施。

强化人才建设。一是建立以人均效能为核心的人才规划体系。紧扣标杆企业数据，以人均效能作为核心指标，结合金融板块自身特点，确定成员企业组织架构、人员规模、人员素质等要求，做好人才规划。二是建立全球化、立体式的人才引进体系。广泛借助外部力量，与国内外知名高校、招聘网络、猎头公司建立长期合作关系，持续扩大金融板块在金融人才市场的品牌影响力，搭建稳定、高效的金融人才引进平台；重点引进在知名金融机构具有多年从业经验且拥有广泛社会资源的金融英才。三是建立基于职位胜任素质的人才使用体系。充分运用素质测评、胜任素质模型等新技术，建立核心职位任职标准、职位胜任素质及核心人才数据库，通过对个人素质与职位要求的计算比较，最大限度提高人岗匹配度，使个人价值得到最大程度的发挥，实现个人与企业共成长。四是建立标准化、专业化的人才培养体系。完善金融板块素质提升要求，全面打造标准化人才培养链条；根据不同金融领域标杆人才要求，实施专业化培训计划。五是建立特色化、联动式的人才激励体系。根据金融板块不同金融业态特点，健全包括股权激励、业务提成等全方位激励机制，吸引行业优秀人才；关注行业薪酬动态并挂钩个人业绩，建立薪酬浮动机制，充分发挥薪酬激励作用，持续保持人才吸引力。

加强信息化建设。系统建设发展期，采取业务发展风险控制先行方针，大力推进金融板块信息系统建设工作，提高资本整体的信息化发展水平。全面调研金融板块信息安全建设情况，形成信息安全标准，建立完备信息安全体系内容。完善金融板块IT管控体系，扩大IT队伍规模，明确IT考核目标和组织建设要求，制定相关管控制度，为金融板块信息发展提供组织保障。信息数据整合期，打造以多种金融业态协同为手段、以行业整合能力为核心竞争力、以专业化直投业务为特色的金融产业集群。运用云理论，采用物理整合、逻辑整合、应用整合等整合手段，全面整合金融板块信息系统，搭建统一信息服务平台，提高信息资源利用效率及信息决策支持力度。采用个人信息体验反馈等系列手段，使资本、客户和员工体验到信息带来的便捷。统一平台建设期，加大优势产业投资力度，积极发展新兴产业，实现网络金融和实体金融、传统业务和非传统业务、国内市场和海外市场的协同发展。加快业务和体制创新，在航运金融、科技金融、消费金融、政府投融资创新方面实现全面突破。整合金融业务产品，提升客户完美体验，打造统一信息系统平台。通过平台推动金融业务境外发展，实现资本境内外业务的信息处理和决策统一。

制定保障机制。一是加强规划宣传普及。战略规划纲要一经批准，就及时通过内网、邮件、宣传册等形式广泛宣传；要求全体员工深刻领会整体规划意义、目标任务和举措，明确发展方向和部门责任，形成关心规划、实施规划氛围，共同推进规划的顺利实施。二是细分规划，分解任务。根据总体规划，科学编制专项规划，制定年度计划，将总体规划确定的目标任务、重大项目安排进行分解，落实到各领域发展规划中。金融板块总部职能部门和业务公司根据规划工作任务，组织制定具体实施方案和进度安排，将任务和责任逐级分解落实到具体职能部门和人员，确保各项工作落到实处。职能部门和子公司把规划作为指导工作和实施重大项目的决策依据，制定具体实施意见，明确和落实责任，确保规划可操作性。三是动态监测、考评和修订。组织专门团队对规划实施进行监督和检查。开展规划执行情况追踪、检查和评估，并定期发布规划实施监督检查报告，加强对规划实施监测、预警和跟踪分析。建立规划实施的监督考核机制，分年度和中期对规划实施情况进行监督考核。从目标完成情况、措施落实情况、保障机制建设等方面制定评估细则，将评估结果纳入职能部门和子公司考核目标管理，并配合奖惩和激励机制。及时总结规划进展情况，解决实施过程中存在的问题，根据环境变化适度修订规划内容。

（五）职能发展规划：以资本风控为例

集团职能规划概况。一是管控职能规划。治理结构方面，建立了四权分立的领导体制，各公司明确党委会、股东会、董事会、监事会和经理层职责，形成各司其职、有效运转和有效制衡的权力结构;管控模式方面,构建以"集团总部—产业集团/区域总部—成员企业"三级管理组织结构,实现集团总部对各产业集团战略管控,以及产业集团对所属成员公司战略管控;职能体系方面,构建战略管理体系、全面预算体系、内部审计体系、经理人考核体系、人力资源体系、采购体系和IT信息体系。二是人力资源规划,包括建立以人均效能为核心的人才规划体系、全球立体人才招聘体系、工业流水式人才发展体系、职位胜任的人才使用体系和多因素联动的人才激励体系。三是信息职能规划,包括应用系统规划、基础架构规划、企业门户规划、信息管控规划和信息标准规划。四是资本风控规划。资本运作方面,将整合现有十家境内外上市公司资源,依托香港资本市场,构建全球融资网络;风险控制方面,防范日益增加的经济周期性风险、政策风险、金融风险等系统性风险,以及经营风险、财务风险、多元化风险、管理风险等非系统性风险。

1. 借助市值管理,布局资本市场全球化

以资产证券化为主线,实现资本市场全球布局。一是通过股票、可转债、权证、存托凭证等工具,加快实现将集团资产市值变现。二是针对不同产业集团、不同上市公司,以境外上市、两地挂牌等手段,布局全球主要资本市场,平抑不同资本市场周期特征,保持上市公司持续融资和扩张能力。例如航空、物流、金融产业拥有横跨中国、中国香港、美国三地挂牌上市公司。三是尽快建立核心产业香港资本运作平台,开展境外融资和并购活动。

以市值管理为主线,建立产业扩张的蓄水池。一是产业集团通过调整持股市值和现金储备比例,建立集团规模扩张和培育上市企业的蓄水池。二是集团总部集中优势资源,加强上市公司资本运作,提升上市公司市值。具体而言,市场行情高涨

时，出售部分股权并培育待上市企业；市场行情低迷时，向上市公司注入优质资产增加持股比例。三是通过市值和现金的有序转换，在产业集团层面建立资金蓄水池和项目蓄水池，实现良性循环。

以上市公司为平台，开展行业整合进入前列。一方面，运用多种手段提升上市公司资产质量和盈利能力。以上市公司为主体，在各个资本市场的轮动周期中，通过股权融资、换股收购等方式，整合产业集团外部资源，迅速进入行业前列，打造优质上市公司。另一方面，将上市公司自有资金和融资资金用于业务发展和对外扩张，实现良性循环。

以新兴业务为突破，加快产业结构升级转型。以第三方支付、支付卡等新兴业务资本证券化为契机，增加附加值高、发展空间大的业务占比。

2. 强化内部管理，实现风险防范制度化

控制投资节奏，贯彻高效经营理念。控制投资节奏，剔除低效项目，防范投资风险。提高并购整合效率，巩固已有经营成果，防范经营风险。

强化内部管理，提高资金运营效率。一是强化资金管理，充分发挥财务公司资金池功能，引入现金流量管理方法，建立不同产业或公司之间风险防火墙。二是探索开展套期保值，防范金融风险，建立健全内部监控体系，强化道德和企业文化教育，防范人力风险。三是建立战略制定、执行和监管体系，确保企业多元化投资和产业集团专业化发展符合既定战略，防范战略制定与执行风险。

完善管控流程，构建全面风控体系。结合"集团总部—产业集团/区域总部—成员企业"三级管控模式，以及全面风险管理建设需要，构建以内控为基础，包括风险管控环境分析、制定风险管控目标、风险评估、风险应对、风险监控、信息与沟

通等为一体的风险管控体系。

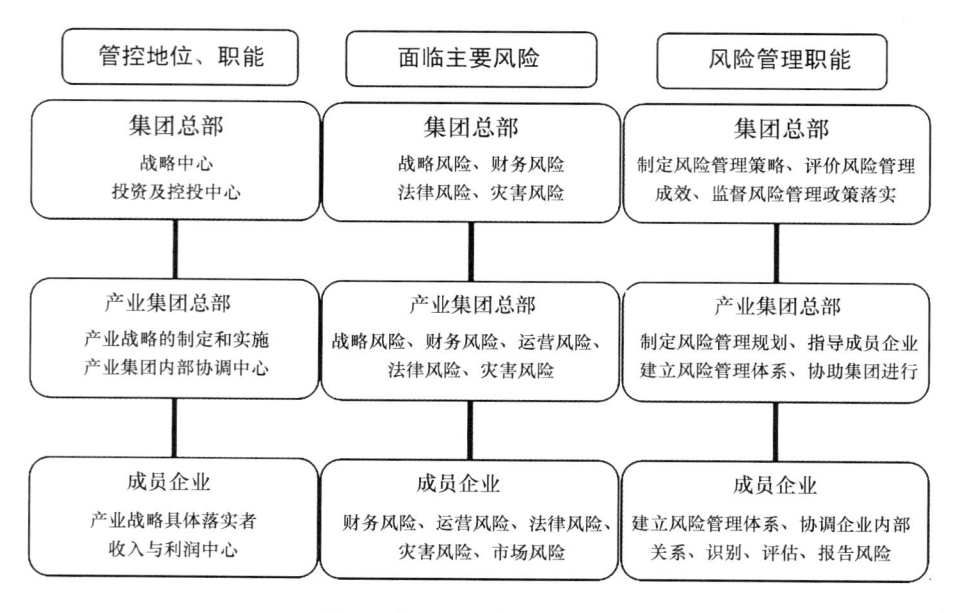

管控地位、职能	面临主要风险	风险管理职能
集团总部 战略中心 投资及控投中心	**集团总部** 战略风险、财务风险 法律风险、灾害风险	**集团总部** 制定风险管理策略、评价风险管理 成效、监督风险管理政策落实
产业集团总部 产业战略的制定和实施 产业集团内部协调中心	**产业集团总部** 战略风险、财务风险、运营风险、 法律风险、灾害风险	**产业集团总部** 制定风险管理规划、指导成员企业 建立风险管理体系、协助集团进行
成员企业 产业战略具体落实者 收入与利润中心	**成员企业** 财务风险、运营风险、法律风险、 灾害风险、市场风险	**成员企业** 建立风险管理体系、协调企业内部 关系、识别、评估、报告风险

图3 全面风险管理组织构架

（六）规划保障措施

实施综合评价考核。加快制定并完善有利于集团可持续、超越式发展的绩效评价考核体系和具体考核办法。以规划为依据，强化对相应指标的年度考核，考核结果作为各级领导干部选拔任用、奖励惩戒的重要依据。加强对产业集团包括主营业务等在内的综合评价考核，构建与区域总部职能相匹配的考核指标体系，强化对区域内产业整体发展和区域总部核心业务发展的综合评价考核。

加强规划监测评估。完善规划实施监测评估制度，加强监测评估能力建设。针对规划实施情况进行月度监测分析与评估，形成月度、半年度、年度监测报告。中期阶段开展全面评估，形成中期评估报告。如需调整规划目标，需要提出相应调整方案和依据。

　　完善规划协调管理。推进战略规划职能体系建设，以集团总体规划为统领，以产业集团规划、区域总部规划和职能部门规划为支撑，形成各类规划定位清晰、功能互补、统一衔接的规划体系，完善科学化、规范化的编制程序，健全权责明确、分类实施、有效监督的实施机制。加强年度计划与集团规划衔接，对主要指标应设置年度目标，充分体现集团规划提出的发展目标和重点任务。年度计划报告要分析本规划的实施进展情况。

三 产业板块视角下的企业金融规划
——以资本控股公司 B "五年规划"为例

2015年6月,两大中央能源企业重组拉开序幕。同时,两家企业旗下资本控股公司B1和B2开始合并,形成新的资本控股公司B。重组后的母公司中央企业集团明确提出"十三五"时期战略目标是"建设创新型、国际化的综合能源集团和现代国有企业"。对于资本控股公司B而言,需要立足于母公司战略目标,回答应该建设什么样的金融平台,以及如何建设金融平台的问题。

本章以资本控股公司B"五年规划"为例,拟从产业板块视角解析企业金融规划的方法论和实践。具体逻辑结构如下。

首先,阐述了资本控股公司B发展的内外部经济环境,包括国际经济环境、国内经济环境与金融行业政策趋势。其次,研究了资本控股公司B发展的竞争环境,包括公司发展和重组历程,未来面临挑战和现有资源能力。再次,研究了资本控股公司B总体发展规划,包括总体规划目标、发展方针,以及核心发展举措。复次,选择商业银行、投资银行、信托公司、租赁公司等,剖析资本控股公司B发展的业态规划,包括行业对标分析、目标定位和发展思路等。又次,从国际化和资本运作两个维度,剖析资本控股公司B发展的专项规划,国际化规划方面,着重分析目标定位和实施路径;资本运作规划方面,着重分析了上市地点和上市途径,进而论证整体上市的可行性和实施策略。最后，提出了资本控股公司 B 发展规划的保障机制。

（一）宏观环境分析

1. 国际经济环境

新兴经济体渐成经济增长新"引擎"。经历此次金融危机冲击后，世界各国经济增速均出现不同程度下滑，但"金砖国家"经济迅速复苏，而传统发达国家则陷入危机的泥淖中难以自拔。"金砖国家"经济增速显著高于传统发达经济国家，对世界经济增长的贡献率明显高于发达国家。2003—2014 年期间，新兴市场和发展中经济体对世界经济增长的贡献率从 53.2% 上升到 61.4%。未来五年，新兴经济体对世界经济增长的贡献仍将继续上升。

金融监管趋紧与货币体系酝酿变革。一方面，世界主要国家先后出台严格的金融监管措施，监管范围从金融机构资本金、流动性延伸至金融衍生产品创新、对冲基金交易规则，乃至金融机构薪酬体系改革等广泛领域。种种迹象表明，以杠杆化、混业化和大型化为突出标志的金融业开始进入更严格的制度束缚时代。另一方面，随着次贷危机蔓延，以美元为本位的国际货币体系弱点不断放大。随着金砖国家新开发银行、亚洲基础设施建设投资银行投入运作，以中国经济实力为依托的人民币即将在国际货币体系中发挥更重要的作用，国际货币体系也将会面临新的调整。

区域经济贸易规则主导权竞争激烈。经济发展和技术进步推动了全球经济加速一体化，但世界各国仍普遍选择贸易保护措施提振本国经济，从而导致国际贸易环境恶化。美国方面，金融危机后经济增速持续放缓，迫切需要建立新的全球贸易规则来刺激本国经济复苏。典型的是，《跨太平洋伙伴关系协定》

（TPP）和《跨太平洋贸易与投资伙伴协定》（TTIP）成为美国全球经济贸易新战略的"两翼"。中国方面，为化解美国主导的"去中国化"压力，启动"一带一路"倡议，试图重塑世界经济地理版图。

发展中国家成为跨国投资"吸金石"。一方面，发展中国家逐渐取代发达国家吸纳世界投资。2014年"G7集团"国家吸收FDI资金流量仅占全球FDI总额的20.3%，首次被金砖国家超过。未来五年，两者差距将会继续扩大。另一方面，发达国家跨国并购规模迅猛萎缩。根据出售方数据，2000—2014年期间，发达经济体跨国并购交易金额从8522亿美元下降到2745亿美元。根据收购方数据，2000—2014年期间，发达经济体跨国并购交易金额从8286亿美元下降到2284亿美元。未来五年，发展中经济体跨国并购规模将会超过发达经济体。

节能减排和发展新型能源双措并举。从世界各国应对气候变化举措看，降低工业能源消耗与碳排放和发展可再生能源成为主要政策抓手。一方面，受全球经济增长的制约，未来人均能耗和碳排放下降空间颇为有限，但随着节能技术突破和能源结构优化，单位GDP能耗和单位GDP碳排放将有所下降。另一方面，随着核能安全性和核废料处理技术突破，全球核电投资需求可能出现快速增长。

2. 国内经济环境

创新应对"三期叠加"综合挑战。成功应对"三期叠加"综合挑战，才能避免中国滑入中等收入陷阱。宏观层面，营造良好市场生态，让土地、资本和劳动力等生产要素自由配置到高效率的平台；中观层面，完善产业政策，发展先进制造业和现代服务业推动经济结构优化和升级；微观层面，创新企业资源配置方式、运行机制和盈利模式，提高微观主体的全要素生产率。

加速填补"住、行、学"需求缺口。新型城镇化本质是以人为本的城镇化，是实现从满足"吃、穿、用"温饱型小康向"住、行、学"全面小康跨越的重要体现。从居民消费品供求关系看，"穿、用"产品在21世纪初就进入买方市场，而"住、行、学"产品供给依然严重短缺，但消费结构升级不可能一蹴而就，还需突破诸多障碍：一方面，需要厘清服务业诸如教育、文化和医疗保健等产业定位，激发市场机制配置资源的动力。另一方面，继续深化投融资体制改革，建立多渠道资金保障机制，创新政府与社会资本合作模式。

继续优化国有资产管理体制。随着经济全球化程度提高，市场经济制度不断完善，国有资产管理体制局限性日益显现：一是政府对国有企业干预仍然过多，最终影响国有资产运营效率。二是国有资产布局存在着定位偏离；三是企业内部治理和薪酬制度难以激发员工创造力。优化国有资产管理体制具体举措：一是重新构架管理体制，形成"国资监管机构—国资投资运营公司—经营性国企"三层管理架构；二是优化国有资产布局，实现"有进有退"；三是针对不同类型国有企业分类改革，推进市场化的用人和激励机制。

引导金融回归服务实体经济本源。一是加快商业银行转型改革。构建间接金融与直接金融相协调的金融体系，既需要商业银行加快从追求速度和规模转向质量和效益转型，又需要加快从同质化经营转向差异化发展模式转型。大型银行以国际性综合化金融集团为标杆，中型银行走具有与业务优势相匹配的专业化特色道路，小型银行则聚焦于小微企业和本地客户金融服务。鼓励民间资本进入银行业，规范发展互联网金融，适应金融信息化、综合化经营发展趋势。二是健全资本市场体制机制。建立多层次债券市场体系，赋予居民和企业自主选择权。建立多层次股票市场体系，包括股票发行与交易分离、实行股票发行注册制、分离沪深两所交易规则、建立以经纪人为核心的多层次股票市场。多渠道推动股权融资,包括规范发展私募股权投资、设立政府引导基金、稳步推进保险资金的股权投资、实施放宽社保基金参与股市限制等。三是加快发展现代保险服务业,大力培育保险核心功能。例如将商业保险建成社保体系的支柱,建立巨灾保险制度,发挥责任保险化解矛盾纠纷功能。深化保险资金运用改革。例如,减少保险公司投资限制,建立市场化资产管理机制,加强保险基础设施建设,加强保险消费者合法权益保护。四是推动人民币成为可兑换、可自由使用的国际货币。有序扩大银行、证券、保险、养老等市场准入,推进资本市场的双向开放,全面提升金融市场的国际化水平;以服务贸易投资和产业链升级为重点,有序实现人民币资本项目可兑换,推动加入 SDR,扩大人民币在周边国家和新兴市场区域化使用的便利性,稳步向国际金融中心和发达国家延伸。五是加强基于负面清单的金融监管模式。监管要适应从"法无授权即禁止"到"法无禁止即自由"的认识转变。强化监管部门对金融活动的市场准入后的管理;完善司法制度,强化司法对金融监管权力的制约,逐步建立集团诉讼、代表诉讼制度,保护金融投资者和消费者的合法利益;加强监管协调,构建宏观审慎和微观审慎相互补充、货币政策与审慎管理统一协调的金融管理体制。

  清洁能源发展有赖国家政策支持。一方面,经济增长伴随着电力能源消耗量的增加。2003—2014 年期间,中国 GDP 总量从 13.7 万亿元增加到 63.6 万亿元,而全社会用电量从 1.9 万亿千瓦时迅速上升至 5.5 万亿千瓦时。随着经济进入增速换挡期,全社会电力能源增速需求跌至 3% 以下。另一方面,电力能源结构伴随着发电量的增长而不断优化。"十二五"时期,随着节能减排政策实施力度加大,风能和核能等新能源发电年均增速为 34.40% 和 14.12%,不仅高于水力发电年均增速 12.40%,更是远超水力发电年均增速 5.25%。随着《能源发展战略行动计划（2014—2020年）》和《核电中长期发展规划（2011—2020年）》逐步落实，"十三五"时期能源结构进一步优化，清洁低碳能源，尤其是核能比例大幅上升。

3. 金融行业环境

银行业发展环境。以大型银行为主导的商业银行结构已经转变为多种类型银行机构并存格局，城市商业银行、农村商业银行、农村信用社等中小银行迅速崛起。"十三五"时期，商业银行总营业收入稳定增长，但银行竞争加剧，以及不良资产较快增加会导致经营利润下滑。一些银行由于需要消化较多新增不良资产，可能面临较大的资本补充压力。

保险业发展环境。保险行业营业收入高速增长的同时，盈利能力出现了剧烈波动。保险行业资产收益率经历了2008年的0.65%和2012年的0.86%两次V字形低谷，与美国金融危机传导以及中国刺激政策结束有关。随着"一带一路"建设中的信用保险和巨灾保险可能启动，以及人口老龄化推动，财产保险和人寿保险仍将维持较高增速。

证券业发展环境。证券行业发展态势依赖于市场行情和政策管控力度。证券行业营业收入经历了2008年和2012年的两次下滑，与股市行情转入低迷有关。随着本轮股票市场政策性周期到来，证券行业营业收入迅速回升。股票市场实施"注册制"和债券发行适度"松绑"，以及资产证券化规模扩大将促进证券行业规模扩张，但"金融+互联网"会压缩证券公司传统业务利润空间。

信托业发展环境。一是行业规模增速减缓。2010—2014年，营业收入和受托资产规模分别从284亿元和4.8万亿元上升到955亿元和14亿元，增速则从54.7%和58.3%分别下降到14.7%和28.2%。二是盈利能力维持高位。2010—2014年，信托行业销售利润率为67%，2015年上半年达到72.6%。三是信托业风险不断集聚。2010—2014年，信托业杠杆率（受托资产/股东权益）从23倍迅速上升到45倍。此外，信托类产品兑付违约风险逐渐上升，违约规模不断增加。未来五年，信托行业营业收入和受托资产规模增速仍将继续放缓，行业风险处理政策出台将会提高企业风险管控能力。

租赁业发展环境。一方面，融资租赁行业需求不断增加。2008—2014年，融资租赁行业合同从1550亿元增加到3.2万亿元。另一方面，市场竞争更为激烈。2008—2014年，融资租赁行业合同额增速从545.8%下降至52.4%，企业数量从107家增加到2202家。随着"一带一路"、京津冀协同发展和长江经济带等重大战略实施，融资租赁业将获得更为广阔的市场机遇。加快发展融资租赁行业，也成为深化金融改革服务实体经济的重要举措，将为融资租赁行业发展创造政策红利。

期货业发展环境。期货行业"大市场、小行业"格局短期内难以改观。2007—2013年，期货行业交易额从41万亿元增加到267万亿元，行业利润总额从9.9亿元增加到35.5亿元，不及一家证券公司净利润。期货行业盈利模式单一，几乎以手续费为主，在"互联网+"冲击下，"零佣金"趋势将会进一步挤压期货行业发展空间。

互联网金融发展环境。一是随着支付清算基础设施加快，第三方支付市场将维持高速增长态势，但需要完善第三方支付牌照退出机制。移动支付代表着第三方支付发展方向，但有赖于硬件环境以及支付场景的普及。二是P2P网贷企业需要借助互联网和大数据等技术手段建立贷款定价模型构筑企业竞争力，也需要与银行、信托等展开合作获取资金渠道和增持信用。三是互联网理财进入相对稳定阶段，随着监管漏洞完善以及银行业务多元化，制度性套利将会消失。

（二）竞争环境分析

1. 公司发展历程

资本控股公司 B 发展历程可以归纳为以下两个阶段。

分头发展阶段（2004—2014 年）。资本控股公司 B1 发展历程：2002 年，母公司中央能源企业甲成立资本公司 B1，持股 100%。2004 年，母公司中央能源企业甲成立财务公司，持股 79.8%。2004 年，资本控股公司 B1 参股保险公司，持股 6.57%。2007 年，资本控股公司 B1 成立保险经纪公司，持股 100%。2009 年，资本控股公司 B1 成立期货公司，持股 38%。2010 年，资本控股公司 B1 并购信托公司。其中，资本控股公司 B1 持股 25.33%，旗下财务公司持股 24.91%。2014 年，资本控股公司 B1 成立租赁公司甲，持股 65%。2015 年，资本控股公司 B1 成立基金公司。其中，资本控股公司 B1 持股 45%，旗下信托公司持股 30%。资本控股公司 B2 发展历程：2011 年，母公司中央能源企业乙成立财务公司，持股 60%。2013 年，母公司中央能源企业乙成立资本控股公司 B2，持股 100%。2013 年，资本控股公司 B2 成立保险经纪公司，持股 100%。2013 年，资本控股公司 B2 成立商业保理公司，持股 51%。2014 年，资本控股公司 B2 成立租赁公司乙，持股 50.2%。2015 年 9 月，租赁公司乙成功实现新三板挂牌。

合并重组阶段（2015—2016 年）。2015 年 6 月，随着两大中央能源企业启动合并，旗下资本控股公司 B1 和 B2 同步进行业务合并。合并后形成资本控股公司 B，总资产和净资产分别为 678 亿元和 17.5 亿元。按照金融监管要求，需要整合不能并存的资本控股公司（注销资本控股公司 B2）、财务公司（出售资本控股公司 B2 旗下财务公司）和保险经纪公司（出售资本控股公司 B2 旗下保险经纪公司）。整合后，资本控股公司 B 股权结构为：资本控股公司 B 由母公司新的中央企业独资持有；财务公司由母公司新的中央企业持股 51%（未来将划转给资本控股公司 B），由资本控股公司 B 持股 28.8%；保险经纪公司由资本控股公司 B 独资持有；租赁公司甲由资本控股公司 B 持股 65%，租赁公司乙（2015 年 9 月，新三板挂牌）由资本控股公司 B 持股 50.2%；商业保理公司由资本控股公司 B 持股 51%；信托公司由资本控股公司 B 持股 50.24%；基金公司由资本控股公司 B 持股 45%；期货公司由资本控股公司 B 持股 38%；保险公司由资本控股公司 B 持股 6.57%。

2. 当前现实挑战

缺少核心功能牌照，业务协调难度较大。无论是蓄积资金池，还是协调金融功能，获取商业银行、证券公司、保险公司牌照都是实体企业"由产到融"的关键抓手。同行业五家重要中央企业竞争对手拥有金融资源情况（见表 3）：中央企业甲分别控股一家财产保险、人寿保险公司和城市商业银行，中央企业乙控股一家证券和财险公司，中央企业丙控股一家证券公司，中央企业丁尚未进入银行、保险和证券行业。目前资本控股公司 B 仅参股财险公司，不具备银行、保险和证券牌照，不仅无法直接为集团产业发展提供金融服务，而且难以协同内部金融业态。

表 3　　　　　同行业五家中央企业持有金融业务牌照

竞争同行	金融业务牌照							
	银行	保险	证券	财务公司	租赁	信托	期货	基金
资本公司 B		○		√	√	√	√	√
中央企业甲	√	√		√	√			√
中央企业乙		√	√	√		√	√	√
中央企业丙			√	√	√	√		
中央企业丁				√				

资料来源：公司官网。"√"和"○"分别表示控股和参股。

金融业务相对分散，优势板块尚未形成。目前资本控股公司 B 相对较强的金融业态，如财务公司、信托公司和租赁公司均处于行业中游，距离行业龙头企业差距较大。以信托公司为例，2014 年资产规模为 1380 亿元，相当于行业均值的 67.3%；自营业务收入为 3.5 亿元，2013 年行业排名为第 25 位；经营利润在多数年份低于行业均值。以融资租赁公司为例，注册资金仅有 44.9 亿元，相当于行业龙头渤海租赁的 72%；资产总额为 110.6 亿元，相当于渤海租赁的 53%；营业收入和利润总额更少，分别为渤海租赁的 9% 和 3%。其他金融业态，如基金、保理、保险经纪成立较晚，尚未形成市场竞争力。

集团资源投入有限，金融产业扩张乏力。2017—2021 年，母公司集团规划总投资额度为 6300 亿元。其中非电力业务投资 300 亿元，金融产业分配到的投资额度仅为零头。具体到不同金融业态，集团投入将会更加分散。从母公司集团对资本控股公司 B 累计投入资金量来看，信托业合计投入资本 18.7 亿元，租赁业合计投入资本 11.3 亿元，期货业合计投入资本 0.5 亿元，保险经纪业合计投入资本 2.5 亿元，保理业合计投入资本 1.1 亿元。较少的资金投入、分散的投资结构，最终导致 B 资本控股公司难以聚集资源，在细分行业中形成竞争优势。

3. 集团资源优势

实体产业扩张释放出巨大的金融需求。资本控股公司支持不同实体产业的路径和力度存在差异。一是核电产业的金融需求。2017—2021 年，核电产业超过 2000 亿元投资需要依赖资本控股公司 B 筹集，整体上市计划也需要资本控股公司 B 予以协助。二是火电与燃机产业的金融需求。火电与燃机产业既存在境外发债、境外银行贷款、境外资产证券化需求，又存在汇率风险管理需求。三是工程建设的金融需求。工程建设需要通过融资租赁、供应链金融等金融创新方式，盘活存量资产。四是国际公司的金融需求。国际公司利用境外上市公司平台整合资源，提高集团资产证券化比例。五是铝业产业的金融需求。铝业产业需要协调境内外现货市场和期货市场价格，实现原材料套期保值。

前期实践奠定了良好的金融发展基础。一是资金业务。财务公司已经建立资金支付分级控制，资金流向可事前、事中监控的资金管理体系。财务公司服务成员单位超过800家，管理银行账户超过2000户。二是信贷业务。财务公司能够动态调整信贷计划，保障重点项目资金。近年来，财务公司累计提供搭桥贷款300亿元，代管银团融资余额达到386亿元。三是投行业务。财务公司已经搭建资产并购重组、资本市场运作团队，基本实现集团内部资产重组、项目融资等财务顾问需求。近年来，财务公司累计为成员单位提供项目融资80亿元。四是信托业务。2014年信托公司服务集团项目累计融资规模超过50亿元，仅通道类业务就高达32亿元。五是期货业务。2014年期货公司服务电解铝期货交易额为48亿元，实现盈利2000万元。六是保险服务。2014年统保资产高达3300亿元，节省保险成本超过2.5亿元；处理赔案近300件，争取保险赔款7500万元。七是融资租赁业务。租赁公司通过租赁、联合出租和保理等，对接超过50亿元新能源项目，筹措外部资金70亿元，引入境外低成本资金10亿元。

集团支持构筑了坚实的金融崛起保障。一是集团党委专门下发文件将金融产业列入首批整合业务清单，同时明确金融产业发展的功能定位和市场化改革方向。二是集团董事长强调要将金融上升到集团战略高度。业务调整方面，发挥产融结合优势，做出特色；资产证券化方面，资产证券化价值不仅降低企业杠杆率，而且优化集团业务组合，还能推动管理思维向产业转变；国际化方面，推动资本、技术、产品或服务协同"走出去"。既要争取金融监管部门支持，打通金融服务渠道，又要努力获得亚洲基础设施投资银行、国家外汇局等支持，打造行业战略合作联盟。三是集团总经理提出要把推进资产证券化作为奋斗目标，以上市公司资源为重要平台，以资本市场为约束，倒逼公司内部机制进行深刻调整。要面对国内、国际两个市场，进行战略性重大并购重组，实现高质量、高效率发展。

（三）总体发展规划

1. 总体规划目标

总体规划的指导思想。坚持国有资本、国有企业改革方向和产融结合发展战略，遵循市场对资源配置起决定性作用的现代经济理念，按照金融监管要求，积极适应金融市场化改革与开放发展趋势，着力打造市场化、专业化、特色化、国际化的现代金融服务控股集团；努力将金融产业建设成为集团公司的资金管理中心、金融服务中心、金融资本运作中心和价值创造中心，为母公司集团公司发展提供有力的金融服务支撑和效益支撑。

总体规划的奋斗目标。围绕集团公司总体发展战略，根据金融产业"四化"和"四个中心"定位要求，尽快建设成为拥有核心金融功能主导和国际化水平的现代多元金融服务企业。

总体规划的目标定值。到2017年，资本控股公司B管理运营业务资产规模超过3000亿元，利润力争达到40亿元。其中，信托1500亿元、租赁800亿元、信贷300亿元。到2020年，资本控股公司B管理运营业务资产规模超过6000亿元，利润力争达到60亿元。金融功能更加全面，业态竞争力更加强大，国际化布局基本形成，成为集团重要业务支撑与盈利来源。到2025年，资本控股公司B主营业务资产规模超过1.2万亿元，对集团利润贡献超过30%。以银行、证券或保险为主导的核心金融功能业务显著，财务公司、信托公司、融资租赁等业态将进入行业前列,重要区域国际化布局完成。

2. 总体发展方针

总体发展思路。遵照金融产业发展规律,充分发挥产融结合优势,加强战略协同和业务运作协调,继续壮大既有业务平台,同时审慎把握市场发展的战略机遇,积极谋划补充核心金融业务功能,提升金融产业的综合竞争实力和国际化水平,依托资本市场实现跨越式发展。

总体发展原则。一是要产融结合,适度发展。提升金融产业服务集团产业的能力,协同推进集团产业和金融国际化同步实施。二是要统一平台,规模发展。整体协同不同金融业态发展,不断提升金融产业市场竞争力,推进资产证券化实现金融产业规模扩张。三是要确立未来核心,重点发展。尽快实现拥有银行,或者证券,或者保险主营业务的牌照,确定作为集团金融产业未来发展的核心,重点配置资本资源,突出发展,尽快形成核心竞争力和整合金融业务的枢纽。四是要风险可控,规范发展。加强制度建设,完善风险控制体系,培育先进的风险管理文化,实行规范化管理、专业化服务和市场化运作。五是要股权多元,共同发展。坚持国资国企改革方向,以"管资本"为核心,推行混合所有制,推动整体上市,构建利益共同体,实现运行机制市场化、资本构成社会化。

3. 核心发展举措

继续强化优质金融平台。大力支持财务公司、信托公司和融资租赁等平台,壮大资本控股公司B资产规模,提升行业影响力,提高服务集团产业能力和创造利润,增强金融产业资本积累。

补充核心金融功能牌照。择机开展对证券公司、商业银行或保险公司并购,更好适应资产管理市场发展趋势,更加有效地协同分散的金融业务，为集团资本运作提供更合适的服务。并购目标优先考虑证券公司，但不排除合适的银行或保险机构。

加强金融创新，提高竞争能力。既有效满足集团产业发展的金融需求，又充分挖掘集团发展对金融产业的支撑优势。资本控股及其具体业态都要通过创新金融产品与服务，多元协调配合，拓展市场机会，不断提高集团资产证券化比例。

依托资本市场，积极探索多元金融业务整体上市路径，谋求资本市场价值的最大化。一是当前阶段可以规划条件成熟的金融业态在不同层次资本市场上市融资，但要考虑衔接后续规划的金融产业整体上市设计。二是争取在集团内部选择合适上市公司，作为未来金融产业整体上市载体。三是根据市场条件与政策变化，适时注入资本控股的金融资产，实现上市公司业务转型。

积极探索互联网与金融业务的深度融合式发展。一是推进现有金融企业"互联网+"实施方案，加强互联网金融业务及产品研发。二是探索推动金融服务线上化和自助式服务，建设公司互联网金融服务的基础平台，完成涵盖互联网、移动互联网等新型渠道体系建设。三是强化数据分析挖掘能力，形成围绕上下游产业链资金交易数据开发的数据类产品体系。四是择机开展互联网金融企业的新设、投资与并购活动。

跟随集团产业国际化发展布局，加强与外部金融机构之间的业务合作，提高金融服务的国际化水平。重点在"一带一路"倡议指引下，通过与亚投行等国际性金融机构和国内重要金融机构进行业务合作。以香港为"桥头堡"，适时在境外设立或并购适合集团产业发展的综合金融服务机构，大力推进金融产业国际化发展。

加强资本控股公司资本运营管理与平台企业竞争能力建设。通过规范的公司治理和授权划清与下属各子平台的管理权限界面。资本控股公司方面，对金融产业管理要实现由管企业向管资本转变，主要履行好出资人的三大权利，重点推进市场化运行机制的建设；平台金融企业方面，按照现代企业制度和运行机制要求，完善公司法人治理体系，自主决策、自主经营。

完善金融产业的风险管理体系和机制建设。不断提高风险管理水平，有效防范、控制、化解各类风险。要加强各项风险管理制度建设，提高全员全面风险管理意识，培育先进风险管理文化，借鉴金融行业现代风险管理经验，研究探索适合公司特点的风险量化手段和技术，提高风险预警和监测能力。

（四）业态发展规划

1. 商业银行发展规划

城市商业银行的财务表现。一是资产负债逐渐增加。从2014年开始，城市商业银行总资产规模在商业银行体系占比超过10%，平均资产规模超过1000亿元。二是资产质量不断恶化。城市商业银行不良贷款余额总量持续增长；不良贷款率略高于股份制商业银行，但明显低于五大国有商业银行。三是偿债能力较为突出。2014年城市商业银行平均拨备覆盖率为526%。其中，资产规模为500亿—1000亿元之间的城市商业银行拨备覆盖率高达717%。四是资本充足性满足监管要求。2014年城市商业银行平均资本充足率为12.19%，高于A股上市商业银行。其中，资产规模超过2000亿元的城市商业银行资本充足率最低，均值仅为11.8%。五是盈利水平持续增长。2014年城市商业银行平均资产利润率为1.2%，高于股份制商业银行，但低于五大国有商业银行；资本利润率均值为18.2%，低于股份制商业银行和五大国有商业银行。六是营业收入过度依赖利息。2014年城市商业银行利息净收入占营业收入比例为81.1%。其中，资产规模超过2000亿元的城市商业银行占比为86.4%。

收购城市商业银行的机遇。一是城市商业银行业绩下滑导致收购成本下降。经济持续下行和利率市场化加速，导致国内商业银行资产质量恶化和利差收入锐减，部分地区城市商业银行甚至陷入亏损境地。此时入股或兼并城市商业银行，财务成本相对不高。二是城市商业银行扩张意愿强烈，亟需战略投资者。城市商业银行扩张动力强于其他银行，资本补充压力相对更大。2016年江苏银行已经获批IPO，重庆银行、哈尔滨银行、徽商银行、青岛银行和锦州银行也在努力筹划香港上市。另外，盛京银行、贵阳银行、杭州银行和上海银行等正在谋划登陆A股或港股市场，为战略投资者入股创造条件。三是监管政策放松，允许实体企业控股。近年来，金融监管部门逐渐放松实体企业入股商业银行的资质条件，如股东资质、入股比例等。2014年以来民营银行试点中，单一股东最高持股比例已经由10%升至30%，为实体企业控股商业银行降低了政策门槛。

收购城市商业银行的挑战。一是银行业前景不确定性增加。未来国内商业银行的不良率还会稳步上升，存贷利差也会持续收窄。从资本市场表现来看，部分A股上市银行估值甚至低于净资产，香港上市银行如青岛银行和锦州银行遭遇投资者认购不足，非上市银行未来不确定性将会更高。二是监管法规趋严降低银行牌照价值。银监会颁布《商业银行与内部人和股东关联交易管理办法》，对商业银行各类交易活动规定异常严格，不仅限制入股企业干预商业银行经营管理，而且限制商业银行对入股企业的贷款支持力度。三是入股城市商业银行资金投入不菲。2016年城市商业银行平均实收资本超过50亿元，获取20%相对控股权需要资金量6亿元。随着资本充足率监管强化和银行资产规模膨胀，未来需要追加资金投入。

商业银行业务的发展策略。资本控股公司B商业银行发展策略是收购一家中型城市商业银行。标的特征方面，一是注册地为东部沿海发达地区；二是资产规模为300亿—1000亿元之间，净资产规模为30亿—100亿元；三是具有较强上市意愿，但未开展实质上市工作的银行,或新三板挂牌银行。收购策略方面,一是持股比率接近20%,具有相对控股地位;二是拥有两席或以上董事;三是具有董事长或行长提名权。

2. 投资银行发展规划

投资银行的发展趋势。一是向直投业务转型趋势更加明显。一方面,监管机构逐渐放宽投行业务监管措施,取消对"保荐+直投"业务设置的诸多限制;另一方面,支撑直投业务发展的长期资金渠道逐渐增多,产业整合优势日益增强。二是投行和银行、保险业务协同性增强。商业银行和保险公司具有客户资源和资金融通优势,能够有效弥补投资银行的资金劣势;投资银行通过深度挖掘客户需求,能够为商业银行和保险公司创造更多的业务机会。三是投行内部竞争更加激烈。未来国内投资银行体系将形成由全国性大中型券商为主体、中小型地区性券商或专业性券商构成多层次结构。

投行业务的目标定位。一是服务资产证券化,提高集团产业板块证券化水平。二是以财务顾问参与外部企业港股上市、并购与资产重组服务。三是与集团信托、保险、银行、租赁、证券经纪等业务交叉,逐步形成综合金融服务能力。

投行业务的发展思路。收购牌照较为齐全的优质券商。建议收购方案有两个。一是收购控股券商大股东,进而控股券商。以东北证券为例,控股股东亚泰集团为上市公司,最大股东长春市国资委持股2.9亿份。根据估价推算,投资20亿元就能同时控股上市公司和获取证券公司牌照。二是收购资产规模较小的券商。目前120家券商中,近60家资产规模少于30亿元,近20家资产规模少于10亿元。

3. 财务公司发展规划

财务公司的行业对标。一是行业地位不高。2015年财务公司总资产为329亿元，占行业资产比例的0.81%；净利润为7.28亿元，占行业利润比例的1.25%。二是增长潜力显著。2015年财务公司总资产增长率为28%，与行业增长率持平；净利润增长率为29.5%，高出行业增长率20.6个百分点。

财务公司的目标定位。一方面，成为母公司集团的资金管理中心、金融服务中心、金融资本运作中心和价值创造中心；另一方面，成为服务于母公司集团和成员单位的市场化、专业化、特色化、国际化金融平台。

财务公司的发展原则。一是统一高效。努力打造一体化程度高、结算手段先进、信息化程度高、资金调度能力强、资金流动效率高的财务公司。二是安全稳健。全面监管资金流向和运行状况，风险管理手段完备，确保资金风险可控。三是服务专业。掌握集团企业资金运行规律，增强客户需求响应能力和业务创新能力，为客户提供服务及时和专业。四是经营守法合规。

财务公司的发展思路。一是向集团主营业务渗透。通过资金全过程管控增强财务公司对集团主营业务渗透力。例如，向核电核心技术企业提供高端金融服务、拓展碳金融业务等。二是向集团财务会计渗透。争取搭建集团公司应收账款池，将应收账款管理和财务公司存贷款业务相结合，提高金融服务深度和广度，拓展财务公司在投资、税务、审计等方面咨询服务。三是实施互联网金融路线。依托商业银行结算系统，加强互联网金融业务及产品研发，探索金融服务线上化和自助式服务，建设公司互联网金融服务平台。四是扩大服务对象。发展广度方面，从偏重于司库型向综合型转变；服务对象方面，从集团公司产权链向产业链上下游拓展；服务地域方面，从国内客户向国际客户拓展；业务经营方面，兼顾商业银行、投资银行等业务。五是建立境内境外双向资金池。着手搭建跨境双向人民币资金池，灵活调剂集团内部境内外资金余缺，实现全球范围内资金计划统筹安排，提升资金使用效率与风险防控能力。

财务公司的业务规划。一是资产类业务。银行信贷业务方面，构建集团内部融资平台，完善融资服务体系，组织银团贷款满足成员单位资金需求，拓展对外融资渠道，创新产品服务，加强风险防控；投资银行业务方面，加强证券研究能力，充分发挥资金优势，把握证券市场投资机会，积极开展债券承销，大力发展财务顾问业务；股权投资业务方面，寻找储备优质项目，适当开展自主性股权投资，提高对投资项目的管控能力，有效保证资产安全。二是负债类业务。存款业务方面，推进各项存款规模增长，促进存款来源多样化；资金业务方面，确保公司内部资金流动顺畅，从国内金融机构获取更多授信规模；同业业务方面，以合规运作为基础，建立融洽"银财"关系。三是中间业务。优化资金结算模式，为客户提供安全、及时和准确的内部清算和对外结算服务，大力推动银团贷款、债券承销与财务顾问业务，积极开展委托贷款、贷款承诺业务，稳健开展担保业务。

财务公司的职能规划。一是风险管理。建立风险管理综合分析报告制度，实施风险管理日常沟通和协调机制，完善重大风险、突发事件应急机制和风险防范机制，健全风险管理追究和考核机制；借助信息技术不断完善风险预警和监测指标体系，形成风险库和风险管理指标数据库；进一步优化数据收集、分析统计、报告整合、信息发布等风险管理流程。二是客户服务。开发资金管理平台，支持集团公司、成员单位资金管理需求。提供针对强、附加值高、差异化的金融服务；强化服务理念，增强全体员工对优质服务必要性的认识；探索客户关系管理的新模式和新方法。三是信息化。发挥信息技术对金融业务和管理创新的支撑与保障作用，实现公司全部业务线上化。发挥信息化对业务管理、金融服务、风险控制和工作效率的支撑，助力公司对内深化管理和对外发展扩张的战略落地。

4. 信托公司发展规划

信托公司的行业地位。采用百分位数衡量公司行业地位，分析结果表明：一是资本利润率位居中上游。资本利润率行业排名不断上升，2014年百分位数为74%。二是人均利润位居中上游。人均利润行业排名在震荡中上升，2014年百分位数为70%。三是信托报酬率明显下降。信托报酬率从2009年的1.6%逐渐下降到2014年的0.9%，对应的行业百分位数则从2009年的95%下降到2014年的78%。四是信托业务利润率位居末端。信托业务利润率从2011年的6.2%逐渐上升到2014年的6.7%，但行业百分位数则从2009年的84%下降到2014年的33%。

信托公司的战略定位。围绕信托主业，发展资产管理业务、投融资业务、投资银行业务等，提供综合金融解决方案。实现这一目标，需要经历两个阶段：一是业务升级阶段（2016—2017年），业务结构和客户结构调整初步取得成效。到2017年时，信托资产规模达到1500亿元，直销高净值客户资产规模达到110亿元，利润超过11亿元。二是平台转型阶段（2018—2020年），转型成为面向高净值客户的财富管理和资产管理平台。到2020年时，信托资产规模突破2000亿元，总资产接近100亿元，利润总额达到18亿元。

业务升级阶段的发展思路。一是借助应收账款质押、政府和社会资本合作（PPP）等模式，重塑基础设施类业务。借力PPP浪潮，着力发展基础设施产业基金、城建产业基金。与地方政府共同组建产业基金管理公司，发行设立基础设施产业基金，引导社保基金、企业年金等长期资金以信托平台进投资基础设施项目。二是做精房地产信托业务。通过发行信托计划，与房地产私募基金合作等方式，支持房地产行业兼并重组。积极探索房地产信托投资基金，研究推出房地产信托投资基金

（REITs）产品可行方案。三是回归资本市场信托业务。为上市公司股东提供投融资业务，开展大小非套现、套利交易，推出配置型信托计划。

平台转型阶段的发展思路。一是推进资产证券化业务，尤其需要关注政府运营类资产的证券化机会。二是开展并购信托业务，设立国有企业并购信托基金，通过专业化运作提升并购资本的使用效率，借助并购信托股权投资优势和集团产业经营优势，开展电力、煤炭、矿业等相关资产收购业务。三是创新财富管理信托业务，利用信托破产的隔离功能，服务高净值客户的财富传承。四是探索跨境业务，利用海外市场成熟产品和制度优势，助力公司扩大投资标的选择空间，紧抓国内合格境内机构投资者（QDII）、前海合格境内投资企业（QDIE）等试点政策，拓宽境外投资范围。

5. 融资租赁发展规划

融资租赁公司的行业对标。一是资金规模位居行业中游。2016年6月，融资租赁公司（将两家租赁公司甲、乙合并处理）注册资本44.9亿元，接近注册资本为45亿元的中民国际融资租赁（行业排名第20），相当于行业龙头天津渤海租赁的30%。二是财务绩效有待大幅提升。选择上市企业国银金融租赁为标杆企业（行业排名第5），融资租赁公司资产规模为标杆企业的19.7%，净资产规模为标杆企业的35.5%，营业收入为标杆企业的36.8%，利润总额为标杆企业的6.5%，净利润为标杆企业的37.2%。

融资租赁公司的战略定位。一是为集团产业扩张供给资金。目前集团主营业务中固定资产投资超过项目投资额的50%，采用融资租赁模式可以减少筹资压力。例如，杠杆租赁可以吸收社会资本投资电力建设项目，售后回租可以在租期结束后回购设备所有权。二是优化成员企业资本结构。融资租赁成本不计入资产负债表,能够降低企业杠杆率。例如,融资租赁期限和支付时间可以根据项目现金流状况灵活调整,有利于调节企业财务报表。三是与其他金融业务形成协同。例如,与信托公司合作开展租赁资产转让信托业务,能够实现双方资金互为备付。与财务公司转租赁业务合作,不仅可以分享税收筹划收益,还能释放风险资产、扩大租赁规模和管理表外资产等。

融资租赁公司的发展思路。一是增强资本实力。根据监管规定,商务部审批的融资租赁公司表内资产不得超过公司净资产10倍。租赁公司甲注册资本为5000万美元,数轮增资后增加到13亿元,但目前租赁资产规模接近100亿元,接近负债杠杆上限。租赁公司乙注册资本为4000万美元,近期于新三板市场募集18.75亿元,还有适度负债空间,但相对于集团所在行业的重资产属性,业务规模即将再度出现瓶颈。二是开拓其他融资渠道。两家租赁公司都以境内银行借款为主、跨境融资为辅。以整体授信为基础,加快发行资产证券化、债券、信托等产品,获取长期、低成本资金。迅速壮大规模,开展跨境长期债权融资,形成长期租赁资产和获取境内外利差。三是充分利用资本市场。利用各种金融工具形成多层次融资结构,加速租赁资产流动。条件允许情况下,适当错配管理。加强融资租赁同业合作,采取转租赁方式再融资,探索阶段性转让、买入返售等操作。四是提高租赁业务门槛。当前租赁公司银行通道业务、内保外贷业务大多是项目对接银行,租赁公司收取通道费用,容易陷入恶性价格竞争。未来租赁公司应该服务资本密集型行业,投资周期长、收益高优质项目,减少对商业银行的过度依赖。五是深挖集团产业资源。突出内源业务特色,创新融资租赁服务。

6. 期货公司发展规划

期货公司的现状分析。一是优势分析。母公司集团专注于铝、电、煤等核心业务，对有色金属期货和动力煤期货的需求较大。期货公司依托母公司集团产业背景，获取产业链上下游企业客户较为便利。二是劣势分析。一方面，运营效率较低。期货公司员工数量为行业的 0.29%，资产规模为行业的 0.11%，但净利润仅占行业利润的 0.02%。另一方面，战略执行力弱。期货公司早在 2014 年就明确重点发展铝期货和动力煤期货，但两种产品交易量的行业排名并不靠前。三是机遇分析。宏观层面，随着利率市场化和汇率形成机制改革深入，实体企业财务业绩波动性加剧，平抑金融风险的需求也明显增加；微观层面，母公司集团应对大宗商品价格波动的套保需求，以及"走出去"过程中对利率、汇率的套期保值需求更加强烈。四是挑战分析。具体包括：行业马太效应较为稳固，后来者居上难度不小；期货行业薪酬远低于银行和证券公司，难以吸引优秀人才；公司位置偏远，缺乏金融创新文化氛围。

期货公司的发展思路。一是大幅增加资金投入。大力发展资管业务和结构化产品成为期货行业未来增长点，资金需求将会迅猛增加。二是溢价引进金融人才。期货交易和模型设计人才需要长期培育，短期吸引人才只能依赖高溢价。三是加强渠道建设。借助资本控股公司其它金融平台企业渠道，向期货公司导流客户资源。加快创新期货产品和服务，增强用户体现感，增加产品客户黏性。

7. 商业保理发展规划

商业保理公司的战略定位。经过井喷式增长后，商业保理市场进入充分竞争阶段，具有持续资源整合能力、业务创新能力、风险管控能力、产融协同能力和价值创造能力的企业终将胜出。商业保理公司将依托集团内部资源和整合外部资源，坚持市场化发展方向，搭建行业创新平台、供应链融资平台和价值创造平台，为国内外客户提供专业化商业保理和综合性投融资服务。

商业保理公司的发展思路。一是与金融机构展开合作，提高无担保授信额度，开通资金结算、理财、票据、再保理等综合业务。二是建立内部激励约束机制，搭建薪酬管理体系，规范销售费用管理。三是继续增资扩股，择机挂牌上市。

8. 保险经纪发展规划

保险经纪公司的现状分析。一是业务高度依赖大股东。保险经纪公司主要服务于母公司集团的核心产业，开发险种相对集中于财产险、工程险和公众责任险。随着股东资源红利殆尽，保险经纪公司业务增长将会减缓。二是业务增长潜力有限。目前保险经纪行业经营模式粗放，业务竞争体现为成本较量。一方面，大股东业务保险成本继续下降空间不足；另一方面，中央企业费用管理规定严格，制约非股东资源业务开发。三是体制机制竞争力不足。市场开拓需要配套灵活的管理体制、高效的财务制度和弹性的人事制度，但保险经纪公司管理体制相对僵化、市场性动力不足。

保险经纪公司的发展思路。一是完善股东业务渠道。充分利用母公司集团业务渠道，嵌入保险经纪业务。二是开发非股东业务渠道。优先切入母公司集团产业链上下游企业业务。时机成熟时，结合公司专业优势拓展相关业务。三是构建新型网络渠道。利用业务信息系统，实现与现有客户协同互动，争取将客户资源转化为再保险业务。四是坚持技术发展路线。采取分类别、分层次方法，从风险评估、风险管理、防灾防损等保险和风险管理着手，提高专业技术水平。五是建立市场化薪酬激励机制，提升员工开发市场动力。

（五）专项发展规划

1. 国际化发展规划

国际化发展的目标定位。集团发展层面，服务于"技术、资本、产品（服务）"三位一体协同战略，同步推进资本控股公司B国际化和母公司集团国际化。金融发展层面，放眼全球布局战略资源，构建国际金融竞争力；"走出去"战略层面，与政府性金融资本形成合力，成为中国企业国际化的中坚力量之一。

国际化发展的基本思路。一是谋划全球业务战略布局。长远来看，以中国香港为核心辐射亚洲，进军非洲和欧美市场；近期而言，以集团核电、水电海外项目投融资服务为切入点，协同其它金融产业企业布局当地业务空间。二是推进境外融资平台建设。租赁公司利用低成本外币融资优势拓展境外业务，实现租赁业务内外联动。期货公司在香港设立分支机构，成为香港期货交易所和国外期货交易所会员，参与国际金融衍生品交易。证券公司协助其它产业板块企业赴香港主板，或海外资本市场上市，打造境外融资平台。三是构建国际化金融服务体系。争取与亚投行等国际金融机构展开业务合作，在境外设立或并购金融机构。完成股权优化改制，引入海外战略投资者，构建国际化金融体系。为内地企业"走出去"提供融资平台，推动集团参与国际化金融合作。

2. 资本运作规划

上市地点的选择。从企业融资角度看，国内A股市场融资成本最低，股权资本化溢价率更高。从公司治理角度看，美国市场监管约束更强，有助于规范公司治理结构，且上市审核周期更短；中国香港资本市场制度类似于美国，而管理文化更接近大陆市场。从品牌建设角度看，选择产品市场所在地更宜。

近期而言，建议优先选择沪深市场上市。中长期而言，紧跟集团国际化步伐，赴海外资本市场交叉挂牌上市。

上市途径的选择。根据 A 股上市经验测算三类上市途径所需成本：一是 IPO 上市，平均成本为募集金额的 5%，运作周期超过两年，审核难度较大；二是重大资产重组，平均成本（交易价）为 20.8 亿元，运作周期一年，审核难度中等；三是借壳上市，平均成本（交易价）为 49.4 亿元，运作周期一年，审核难度中等。

整体上市的可行性。充分利用产融结合和金融控股两大热门概念，整合资本控股公司旗下不同金融业态资产，谋划整体上市工作。可行性表现如下。一是产融结合概念优势明显。资本控股公司 B 依托母公司集团协同发展，打造产融结合概念具备坚实的产业基础。二是金融控股概念优势明显。目前多元金融类上市公司平均市盈率为 34 倍，而银行、证券和保险上市公司平均市盈率分别为 6.5 倍、15.8 倍和 16 倍。资本市场对产融结合和金融控股概念股需求较为旺盛，而相关概念的上市公司数量供给严重不足，未来估值上升空间存在。三是资产规模效应明显。相较于同行上市公司，资本控股公司 B 净资产规模排名第二、净利润排名第二，未来有望角逐细分行业龙头地位。四是资产重组政策环境宽松。当前政策鼓励企业兼并重组，资产重组法规约束较少，有利于资本控股公司 B 借道集团关联上市公司进行资产置换。

整体上市的策略。对母公司集团控股的六家上市公司进行考察后，建议首选露天煤业进行重大资产重组。一是股权结构相对分散。露天煤业前十大股东有五家机构投资者，通过协议转让方式增持股份可行较高。二是财务状况较为健康。2016 年露天煤业资产规模仅为 13.8 亿元，负债率仅为 37%。三是市场估值总体较低。2016 年露天煤业市值规模仅为 164 亿元。未来赴境外资本市场交叉上市，需要结合母公司集团境外业务金融需求，以及境外资本市场对产融结合、金融控股概念的估值情况而定。

（六）规划保障措施

加强金融文化建设。营造信用文化环境，完善外部业务流程和内部风险控制；培育良好的职业文化环境，大胆借鉴国际先进企业的技术和经验，使创新实践始终走在市场和客户前面；紧抓创新关键，打造风险管理文化，再造组织架构和业务流程，以管理创新带动产品、服务、营销等创新。

完善公司治理机制。理顺"中央企业—资本控股—金融子公司"关系，划清管理权限边界；厘清"三会一层"权力边界，确保公司法人法理体系有效运转；推进混合所有制改革，引入社会资本，优化股东结构和决策机制；研究高管和业务骨干持股实现方式，增强企业经营活力；加强平台企业董事、监事管理与培训，提高其履职能力；建立经营管理和信息披露等制度，提升内部管理规范化和精细化程度；实行矩阵式管理制度，促进各项金融业务交叉，形成综合服务能力。

激活人才管理机制。推行以契约化管理为核心的职业经理人管理体系；通过市场化选聘职业经理人，加强考核结果与绩效薪酬、岗位竞聘联动，严格落实经理人退出机制；建立企业用工总量自主决定制度；对标行业公司薪酬体系，逐步实现由工资总额管理向人工成本管理过渡，企业总体薪酬水平、关键员工薪酬水平与市场接轨；指导平台企业实行薪酬延期支付制度；将集中式培训和自选式培训相结合，实施多层次人才培养计划。

打造产业协同机制。围绕提升服务集团产业和市场竞争能力，资本控股公司牵头建立金融产业协同运行机制；既要充分考虑金融产业协同运作的特点，确保各平台企业战略规划上协同；以合作共赢、高效有序为原则，完善金融平台资源配置、协同考核与利益分配机制，推动平台企业开展协同运作；资本控股公司在协同运作中，协调好人员关系、业务关系，确保协同效应充分发挥。

夯实风险管理机制。资本控股公司牵头推进金融产业合规、风险管理文化建设，建立金融产业风险监测、风险评价指标体系，组织开展对平台企业风险管理工作的考核评价；指导平台企业建立全面风险管理体系、责任追究制度、与风险周期匹配的薪酬机制，组成风险项目处置与化解专职工作组，指导平台企业进行重大风险事项化解；金融平台企业要严格按照各自行业的专业监管标准，构建完善内部风险评估与防控机制，规范尽职调查，严格项目审核标准，强化风险预警体系，紧密结合实践分析研究基金"募、投、管、退"不同阶段的实质性风险。

四 金融科技视角下的企业金融规划
——以金融科技公司 C 发展规划为例

金融科技公司 C 成立仅四年，依托业务场景和用户资源，应用大数据和人工智能等技术，深入推进信息挖掘、数据分析与业务创新，不仅营业收入超过百亿元，而且积累了较为丰富经验。未来数十年，金融科技将重塑客户行为、商业模式和金融结构，几乎对金融价值链所有环节都将产生广泛而深远影响。研究金融科技发展态势和监管趋势，借鉴国内外优秀金融科技企业总体发展战略和业务发展策略等方面经验，为金融科技公司 C 充分挖掘企业优势和有效把握市场机会、打造世界一流的能源金融科技企业战略目标提供更优路径选择。

本章以金融科技公司 C 业务发展规划为例，拟从金融科技视角解析企业金融规划的方法论和实践。具体逻辑结构如下。

首先，阐述金融科技市场发展趋势，包括全球金融科技总体趋势，以及支付结算、互联网借贷、互联网保险等重点细分业态发展趋势，共同构成发展规划的市场基础。其次，聚焦于金融科技监管的国际经验和中国实践。国际经验方面，包括美国作为金融科技柔性监管者、英国作为金融科技监管示范者、新加坡作为金融科技全程参与者等经验；中国实践方面，既明晰了金融科技监管演进过程，又分析了当前监管框架现状、监管困境及其制度根源，还预判了金融科技监管政策的未来走向，共同构成发展规划的政策基础。再次，研究了金融科技公司 C

总体发展规划。将总体目标进行分解，形成可量化的三阶段目标。以开拓者蚂蚁金服和突围者京东金融两个案例予以剖析，为金融科技公司 C 从追赶者向领航者角色转变以资借鉴，进而提出五大核心发展举措。复次，以供应链金融、互联网消费金融、财富管理、互联网支付和互联网征信等主要业务为例，剖析金融科技公司 C 发展的业务规划。具体研究范式包括明晰业务市场现状、借鉴对标企业经验，进而提出发展举措。最后，提出金融科技公司 C 规划的保障措施。

（一）市场趋势分析

1. 金融科技市场总体趋势

金融科技市场结构。一是中美企业争霸科技金融榜单。2018 年全球金融科技 100 强榜单显示，金融科技规模排名前五的企业分别是蚂蚁金服、京东金融、新加坡 Grab、百度和美国 SoFi，金融科技企业数量排名前五的国家分别是美国（18 家）、英国（12 家）、中国（11 家）、澳大利亚（7 家）和新加坡（6 家）。二是行业竞争力持续扩大。2018 年金融科技企业 100 强榜单覆盖 36 个国家，比 2016 年增加 14 个。三是支付类企业占主导地位。排名前三的金融科技业态分别是支付企业（34 家）、贷款企业（22 家）和保险企业（12 家）。四是中国成为金融科技最大吸金石。从交易数量上看，2018 年上半年，全球至少有 569 笔金融科技投融资事件，中国、美国和印度分别为 329 笔、80 笔和 70 笔。从交易金额上看，2018 年上半年，全球金融科技企业融资总额 2760 亿元，中国、美国和印度分别为 2300 亿元、199 亿元和 117 亿元。从聚集业态上看，2018 年上半年，区块链企业获得投资 222 笔，累计投资额超过 164 亿元。

金融科技发展趋势。一是对传统金融冲击存在地区差异。金融监管宽严程度决定着金融科技企业的颠覆性大小。中国市场方面，金融监管规则相对宽松，蚂蚁金服等科技巨头直接重塑银行、保险和资产管理等金融业态；欧盟市场方面，欧元区内部监管规则趋同，颠覆者赢家通吃，以汇款业务为例，一家欧盟成员监管审批适用于其他 27 家成员，此举鼓励许多初创跨境支付公司向欧盟成员扩张；美国市场方面，各州监管流程烦琐分立，以汇款业务为例，在美开展金融业务需要获得不同州政府许可，金融科技企业需要适应金融监管地区差异性，谨慎选择市场切入。二是人工智能价值是技术迭代进化。人工智能应用于金融科技领域，实现对传统分析技术迭代进化，而非以新数据源和新方法推动行业技术跃进。以消费贷款平台为例，采用迭代学习稳步改进业绩，而非直接跨越到人工智能。从实践情况上看，市场终极获胜者并非建模方法最新、算法最复杂的企业，而是将先进分析方法、独特数据源与业务深度融合的企业。三是投资者更加关注企业基本面。金融科技行业融资处在历史高位，但投资者更加重视规模和利润成长性强的企业。随着金融科技融资门槛不断上升，盈利模式不清晰的企业资金链断裂风险迅速增加。四是良好用户体验不能确保安全。早期银行网站界面繁琐且不支持移动设备，金融科技企业通过开发一款适应性强的应用软件，就可凭借良好的用户体验获取客户。目前多数金融机构已经完成零售用户体验转型、技术基础夯实，且应用功能全面。五是传统金融机构开始逆袭反击。传统金融机构最初面对金融科技入侵时反应迟缓，主要是担心相对稳固的传统业务遭到蚕食。目前不少老牌金融机构开始涉足金融科技，在非核心业务或区域性业务试水数字产品。以智能投顾为例，2017 年摩根士丹利推出数字财富管理平台 Access Investing。六是传统金融机构和颠覆者合作增多。国际市场方面，美国摩根大通与 On Deck 公司、Symphony 公司合作，ING 公司与借贷平台 Kabbage 联合向欧洲推出中小企业贷款服务。国内市场方面，中国银行与腾讯公司共建金融科技实验室；建设银行和蚂蚁金服公司共商银行体验数字化方案。七是金融科技企业上市蒙灰。P2P借贷是金融科技领域最早上市的业态，不少顶尖P2P企业上市后估值迅速暴跌。未来金融科技企业上市决策时，需要充分权衡股票流动性、公开业务数据和接受资本市场监督。八是中国金融科技生态日益强大。欧美金融科技企业通常只关注垂直领域，比如美国PayPal和Stripe公司主攻在线支付，Betterment和Wealthfront公司专注数字财富管理，Lending Club和SoFi公司则提供另类借贷服务。中国金融科技企业业务覆盖完整价值链。比如蚂蚁金服产品包括针对在线支付的支付宝、针对投资的余额宝、针对数字银行和借贷的网商银行；腾讯金融则通过财付通、微众银行等提供全方位数字金融服务。

2. 支付结算市场发展趋势

支付市场结构正在发生改变。目前支付市场结构中，信用卡占主导地位，其次是电子钱包和借记卡。根据《全球支付报告（2015）》预测，未来电子商务稳步发展将会增加电子钱包支付量，但近场支付等新兴技术应用则会稳定传统银行卡支付的市场份额。从全球移动支付上看，新的移动支付供应商不断入场，PayPal、MasterPass、支付宝等主要机构分割市场格局将被打破。从国内移动支付上看，包括支付宝、银联在线、微信支付、京东支付、苹果支付等多家机构将共同主导移动支付市场。

支付应用技术升级将会加快。硬件设备方面，智能手机已经成为主要移动支付载体，其他工具如智能手环等，难以撼动其主导地位。软件技术方面，移动支付技术趋势包括以下三个方面。一是近场支付已经成为重要移动支付技术。随着智能手机市场占有率快速提高，近场支付成为手机运营商和移动支付平台商业模式创新的重点。二是生物特征识别将成为重要支付安全技术。生物特征识别不仅包括指纹识别，还包括DNA、声音、面部特征和静脉识别等。三是云计算成为重要技术支撑。

云计算技术彻底突破了近场支付技术对移动工具计算能力的约束，为移动工具各种应用提供更便捷、更高质和更快速的数据储存、处理、交换等服务。

支付场景争夺将会更加激烈。随着移动支付技术逐渐趋同，远程支付和现场支付场景的争夺将成为关键。消费者对支付场景的偏好、适应性和黏着度，决定着提供该类支付场景的机构是否成为未来支付体系的主导者。随着大数据和云计算技术应用加快，"互联网+产业+金融"商业模式正在到来，互联网支付将推动医疗、教育、旅游、交通等业态向线上线下相结合模式（O2O）创新发展。

数字货币应用基础不断夯实。数字货币源于金融脱媒浪潮，减少消费者和商家之间的货币交换，从而节省交易成本和提高交易效率。从支付机构角度上看，移动支付技术创新提高了数字货币运营机构，如商业银行、信用卡网络、第三方支付机构、手机制造商等支付服务效率。从消费者角度上看，数字货币不断嵌入消费者工作和生活场景之中，并且呈现不断蔓延之势。可以肯定的是，随着金融基础设施建设逐步完善和移动支付应用创新加快，数字货币应用范围将更加广泛。

3. 互联网借贷市场发展趋势

P2P网贷合规成本将会提高。专项整治前，一些机构出于监管套利、自融欺诈等不良动机进入网贷行业，投资者普遍缺乏风险理念，难以辨别投资项目真伪，由此引发大量社会问题。专项整治中，监管机构从前端准入机制设立、资金存管、业务边界界定，以及运营过程中的信息披露等方面对网贷业务全方位规范，加强对投资者利益保护。专项整治后，资金存管、信息安全、信息披露、系统对接等都将导致P2P网贷企业合规运营成本大幅上升。

P2P网贷行业集中度将会上升。从存量角度来看，宏观经济增速减缓意味着市场高收益项目减少，由此导致P2P网贷行业规模增速下降，投资行为激进的P2P企业倒闭风险大幅攀升。从增量角度看，专项整治从源头上抑制了新平台野蛮增长态势，一些实力较强的社会资本进入P2P网贷行业时将会更加谨慎。

金融科技应用场景更加普遍。区块链、大数据、云计算等技术在网贷行业线上营销、数据储存与分析、风险控制、贷后管理、不良资产处置等环节发挥着越来越关键的作用。例如，大数据和云计算针对债权人和债务人双方特征精准画像，能够提高P2P网贷风控安全性和处理效率。又如，区块链分布式技术提高数据存储效率和交易安全性效果显著，可以成为P2P网贷行业监管的科技工具。

与传统金融机构合作进程加快。P2P网贷企业方面，专项整治行动加快P2P网贷平台转型，但前期高速发展形成的产品互联网化、资金渠道线上化、大数据征信等经验，有助于促进传统金融机构业务标准化，金融基础设施更新和信息科技全面升级。传统金融机构方面，宏观经济持续下行虽然冲击金融机构信贷能力，但资金端和线下渠道优势仍然明显，有助于P2P网贷企业弥补资金端和资产端短板。未来P2P网贷企业和传统金融机构有更多的合作空间。资金端方面，一些平台减少线上融资转而聚焦线下业务，与传统金融机构合作获取低成本资金，或借助资产证券化滚动存量资产获取资金。资产端方面，部分平台与传统金融机构合作，针对客户和场景特征创新风控模式获取有效借贷者。

4. 互联网保险市场发展趋势

互联网巨头抢滩保险市场。互联网巨头掌握海量数据资源，善于洞察用户需求，拥有强大的技术力量，通过提供技术和连接客户渠道为保险业赋能。国外案例方面，例如，Google公司设立Google Compare在线平台销售保险产品，通过Google Ventures 基金和 Google Capital 基金投资 Collective Health、Oscar Health 等初创保险企业；又如，Amazon 公司推出 Amazon Protect 服务，为保护产品免受损坏和偷盗。国内案例方面，蚂蚁金服与平安金服、腾讯公司共同发起众安财险，推出车险分、定损宝等工具；腾讯公司与泰康集团合作通过微信平台上线"微医保"产品，涉足互联网健康险行业；百度公司、高瓴资本和安联保险三方联合成立百安保险。

技术公司推动保险科技发展。国外案例方面，IBM 公司推出 IBM Watson 认知平台，通过理解、推理和学习能力创新，推动保险行业商业认知能力提升；初创公司 Captricity 开发医疗信息抓取工具，全方位获取病人和医护人员相关数据，帮助保险公司提高识别与分析能力。国内案例方面，同盾科技提供智能反欺诈决策产品，服务保险公司智能风险管理。

传统行业巨头布局保险科技。国外案例方面，戴姆勒设立保险服务公司，联合传统保险公司为车主提供定制化保险服务；沃尔玛推出产品保障计划，为顾客购买产品提供保障。国内案例方面，中国电信与人保寿险合作，开发基于 4G 技术的保险金融创新产品。

（二）政策环境分析

1. 美国经验：金融科技柔性监管者

金融科技生态政策框架。2017 年，美国国家经济委员会发布《金融科技框架》白皮书。主要内容包括以下九个方面。一是以更宏大眼光看待金融生态系统。金融危机后，金融科技从金融机构对立面演变为共生者。金融机构从业者，应以更宏大的眼光看待金融生态环境变化，以安全、透明且可持续方式为消费者、投资者和市场提供更有价值的产品。金融政策制定者，应当重新审视监管角色、帮助金融服务行业持续良性发展，以及促进其他政策目标实现。二是发展落脚点是消费者利益。金融科技公司必须将消费者利益置于首位，保证产品和服务安全、透明且友好。产品和服务必须努力增加消费者选择余地，并拓展消费者金融服务获取渠道。三是推动普惠金融。借助科技为消费者提供更多的基础金融服务，为有责任的借贷者提供贷款，帮助消费者管理财富，提高学生贷款财务状况，提升汇款支付效率，辅助消费者进行科学金融决策等。四是承认并克服科技偏见。金融创新和监管更加透明。从金融科技公司角度来看，创新金融工具应努力以简单、明确且透明的方式让金融消费者、机构和监管者理解结构和含义，避免灾难性结果。从金融监管当局角度上看，阐释政策意图应保持恰当透明度，便于市场参与者充分理解，持续使用诸如白皮书、大会和活动、办公室开放时间、监管指导意见和其他富有创造性的手段。五是实现技术标准互用性与协调性。金融服务不断去中介化必然导致消费者追求个性化、灵活的金融解决方案，金融科技公司和金融机构应当使产品和服务技术标准具有互用性和协调性，从而降低市场摩擦成本。六是重视网络安全、数据安全和隐私保护。保护消费者和机构数据安全是金融科技公司首要任务。金融科技公司必须拥有健全的网络安全、数据安全和隐私保护体系，并在产品和服务全生命周期内都维护完善。七是提高金融机构效率和效力。八是前瞻性识别风险、维护金融稳定。未经测试的新技术可以提升金融服务效率，并带来经济利益，但蕴藏的风险可能冲击金融结构、危害金融稳定。金融科技公司必须充分认识金融科技风险，与监管者合作，识别并降低威胁金融稳定的潜在风险。九是继续并加强国际合作。

支持金融科技企业原则。2016年，美国货币监理署发布《支持联邦银行系统中负责任的创新：货币监理署的观点》白皮书。针对支持金融科技公司发展，提出基本原则：一是支持负责任的创新；二是鼓励普惠金融创新；三是通过有效风险管理促进安全运营;四是鼓励银行将负责任的创新纳入战略规划。

美国互联网支付监管规则。一方面,实行功能监管和机构监管相结合。美国没有专门针对互联网和移动支付业务监管规定,主要从现有法律法规中就近寻找或增补相关法律条文作为监管依据。例如,金融科技创新代表 Lending Club 公司 P2P 众筹类业务涉及资产证券化,归属美国证券交易委员会监管,相关法律法规依据包括《金融服务现代化法案》、《电子资金划拨法》和《真实信贷法》等。又如,2012 年奥巴马总统签署《创业企业融资法案》,意在激励股权众筹、创业投资类项目创新发展。另一方面,联邦政府监管和州政府监管相结合。联邦政府层面,监管机构各司其职。一是联邦存款保险公司负责沉淀资金监管;二是金融消费者保护局负责消费者保护;三是财政部金融犯罪执法网络负责反洗钱及金融反恐监管。《爱国者法案》规定,所有货币服务机构要在 Fin CEN 登记,保存所有交易记录,及时汇报可疑交易;四是联邦通讯委员会、联邦贸易委员会和国税局在移动支付、商业行为以及税务信息披露等方面实施监管。州政府层面,各州负责发放牌照,规定初始资本金、业务范围限制、记录和报告制度、反洗钱等方面内容。例如,PayPal 需要在每个州获得经营货币转移牌照,且每年更换一次。支付机构设立,需要符合各州对投资主体、营业场所和资本要求;支付机构经营,需要满足流动性等要求,并接受非现场监管和现场检查。

美国虚拟货币监管规则。一是虚拟货币被界定为财产。2014 年,美国国税局发布关于虚拟货币在美国联邦税体系中被界定为财产的指引和财产交易应用税务通则,明确指出财产税收条款适用于虚拟货币交易。二是虚拟货币活动获得商业许可。2015 年,纽约州金融服务管理局为创业公司 Circle Internet 颁发首张比特币许可证,允许其在纽约州展开虚拟货币商业活动,包括进行虚拟货币转账、存储、扣留或控制他人的虚拟货币,将买卖虚拟货币和交换虚拟货币视为商业活动，控制、管理或发行虚拟货币。

美国智能投顾监管规定。2016年，美国金融监管局出台《对数字化投资顾问使用的指导意见》。指导意见出台的有三个目的：一是提示证券经纪商应该遵循的合规要求，不能完全依赖工具替代必要专业知识，需要根据客户需求做出合理的投资建议；二是分享数字化投资顾问在技术管理、投资组合创建以及减少利益冲突方面的实用案例；三是提示投资者使用数字化投资顾问时可能出现的问题。

2. 英国经验：金融科技监管示范者

英国"项目革新"计划。2014年，英国金融行为监管局针对金融科技初创企业推出"项目革新"计划。具体包括两个机制：一是许可阶段，孵化器从市场角度向初创企业提供咨询建议，如提交符合规定的商业计划，帮助初创企业获得金融行为监管局许可。二是运营阶段，创新中心从监管角度向持牌企业提出合规建议，包括派出专家团队与企业探讨创新想法和蕴含商机，帮助持牌企业了解应尽责任，探讨监管机构法规修订要点等，但企业不能以政策咨询为依据，要求金融行为监管局进行政策承诺。

英国沙盒监管制度。2016年，英国金融行为监管局启动监管沙盒。一是沙盒监管测试准入条件。《金融服务和市场法》规定范围内所有金融产品服务创新都可申请。申请是否适用监管沙盒测试条件包括：其一，创新产品或服务是否支持金融服务业发展；其二，产品或服务创新是否显著；其三，创新是否为消费者创造价值；其四，沙盒测试目标是否明确；其五，企业创新与合规意愿是否强烈。二是针对测试对象创新弹性监管。针对个别指导企业，解释适用其创新活动的法规。若企业未满足监管要求但达到豁免要求，英国金融行为监管局可在法律豁免权内提供暂时性豁免或修改特定法规。对进入测试产品和服务，承诺不采取执法行动保证，有效期为保证发出日到测试完成日。三是针对测试对象采取差异监管。对持牌金融机构授权，采取提供无异议函、个别指导意见，以及法律豁免三类模式。测试期间，金融行为监管局允许非持牌机构获得有限测试人数和业务范围内开展业务的权力，了解消费者对产品和服务需求，评估可能对消费者构成的重大风险。测试通过后，非持牌机构可申请免除限制成为持牌机构。有限授权不代替正常金融准入程序，也不是获得准入牌照的捷径。四是金融消费者补偿相关规定。金融消费者可以利用沙盒监管程序消除金融消费风险，保护自身权益，享受创新性金融产品和服务。只有消费者知晓潜在风险和可能获得补偿金融，并同意参加测试后，企业才被允许针对消费者测试创新产品。英国金融行为监管局不采取执法行动，但也不免除企业对消费者的补偿责任。五是探索沙盒监管的配套措施。其一，虚拟沙盒模式。建立贴近现实世界的虚拟沙盒，通过云计算等技术将企业历史市场数据汇聚到虚拟沙盒环境中，对金融产品或服务进行测试。其二，"沙盒伞"模式。"沙盒伞"是取得监管授权的非营利性公司，可以先行对初创企业希望测试项目进行评估，确认项目具备相关资质条件后，由其代理提交正式测试申请，帮助初创企业更便捷地进入监管沙盒测试流程。

培育科技监管企业举措。一是鼓励、培育和资助科技金融和金融服务公司利用新技术，加速达到监管要求。如云平台和云技术，为金融科技企业和监管机构提供更加灵活、成本更低的选择。二是采用实时、系统嵌入式合规、风险评估工具等创新技术监测金融犯罪风险、反洗钱风险，提高金融服务效率与效益。三是利用大数据技术和软件集成，降低合规成本。如将企业合规软件接入监管报告系统，降低企业数据报送成本，提高监管报告准确性。四是利用可视化自动回复工具为金融科技企业提供更有效的监管指导,有助于企业更好地了解监管法规和合规责任。

强化P2P行业自律组织。P2P协会针对会员企业提出若干原则:一是组建有能力的高管团队;二是达到最低准备金标准,为极端情况做好缓冲准备;三是客户资金需要存放于平台之外,比如第三方托管机构或银行,并且这些托管账户要经过审计;四是良好的风险管理机制;五是成立反洗钱、反欺诈平台;六是清晰的交易机制和规则,不能进行自融和利用自有资金贷款;七是向投资者提供透明真实的信息;八是搭建投诉信息处理系统;九是建立机制处理平台倒闭后的借贷合同。P2P行业协会拥有执行处罚措施的权力。

网络贷款业务监管规则。2014年,英国金融行为监管局发布《通过互联网众筹及其他媒介发行不易变现证券的监管办法》。主要内容包括以下三点。一是行业定位。将P2P网贷业务界定为众筹融资,不纳入金融服务补偿计划,目的是防止监管成本过高。二是市场准入。拟设立平台需要向英国金融行为监管局申请授权,满足英国金融行为监管局设置的5万英镑最低资本金要求和平台贷款余额按比例递进计算的资本金要求,以及平台经营模式和系统控制水平。三是客户资金保护。按照《客户资产法规汇编》和《客户资金规定》要求,将客户资金存放在第三方。四是处置计划。预先制定平台倒闭时消费者利益保护方案。英国金融行为监管局在监管报告和信息披露方面提出核心理念和具体要求,确保披露信息公平、清楚、不存在误导。

3. 新加坡经验:金融科技全程参与者

金融科技发展支持政策。2015年8月,金融科技与创新组织成立,承担金融科技领域政策制定与行业监管职能,同时为金融科技企业提供"一站式"服务。2016年5月,金融科技办公室成立，负责处理金融科技相关事务。2016年6月，政府宣布金融科技为重点关注领域，未来5年将投入1.6亿美元扶持行业发展。

新加坡沙盒监管制度。2016年11月，新加坡金融管理局出台《金融科技监管沙盒指引》，对沙盒监管体系、目的、原则和运行模式等进行详细规定。一是准入条件，包括进入监管沙盒测试的申请人，要有意愿、有能力扩大范围实施金融科技解决方案，且解决方案必须是技术创新、能解决重大问题，或为消费者或行业带来益处。二是申请阶段，申请者需要回答项目相关问题并提供说明文件，作为监管者决定是否放松部分法律条款的依据。申请三周内，金融管理局会通知申请人关于企业项目与沙盒监管制度的潜在匹配度。三是测试阶段，金融管理局将不定期收到沙盒测试公司的反馈信息，并与申请者宣称实验结果和目的比对，随时监测创新性技术应用情况。同时，金融管理局会定时向公众发布结果和预警。四是评估阶段，金融管理局将对沙盒测试企业运营效果进行评估，并决定是否授予企业推向市场的权利，以及决定为其放松哪些法律条款。五是退出阶段，沙盒测试结束时，金融管理局发布相关法律及监管规则都会同步到期，申请者将被要求退出沙盒。如果沙盒测试需要延期，那么申请者需要提前向金融管理局申请并提供延期理由。申请者完全遵守相关法律和监管要求，并且金融管理局和申请者均对沙盒实验结果感到满意时，退出后才可以扩大范围部署解决方案。

4. 中国实践：金融科技监管探索者

中国金融科技监管演进。第一阶段，强调金融信息安全保护。《2006—2020年国家信息化发展战略》颁布后，金融与信息科技结合不断深化。这一阶段，金融科技监管主要聚焦于金融信息基础设施完善和信息安全问题，强调金融客户信息安全保护，如移动支付技术标准制定，以及为防范比特币风险而出台专门通知。第二阶段，多次警示互联网金融风险。随着网络支付机构迅速增加，网络支付业务风险引起关注，但监管机构并未出台针对性法规，仅通过发布风险提示、与业界和公众沟通等方式提出防范欺诈、诈骗等违法犯罪活动，防范非法集资、非法吸收公众存款，以及设立资金池等金融风险。第三阶段，集中整治互联网金融风险。随着互联网金融风险隐患逐渐显露，金融科技监管态势转严，金融监管态度从"促进"转变为"高度警惕"。政府工作报告更是连续四年突出互联网金融：2014年提出促进互联网金融健康发展，完善金融监管协调机制；2015年提出互联网金融异军突起，促进互联网金融健康发展；2016年提出规范发展互联网金融，发展普惠金融和绿色金融；2017年提出要高度警惕互联网金融等累积风险。

中国金融科技监管框架。一是分业监管与联合监管并存。2015年7月，中国人民银行会同工信部等十部委制定《关于促进互联网金融健康发展的指导意见》，确立"鼓励创新，防范风险，趋利避害，健康发展"总体要求，和"依法监管，分类监管，适度监管，协同监管，创新监管"监管原则，确立互联网支付、网络借贷、股权众筹融资、互联网基金销售、互联网保险、互联网信托和互联网消费金融等互联网金融主要业态，并对监管职责进行明确分工。随后，监管机构针对各自监管对象分别出台专项监管措施。2016年10月，国务院统一部署《互联网金融风险专项整治工作实施方案》，重点整治包括P2P网络借贷和股权众筹业务、通过互联网开展资产管理及跨界从事金融业务、第三方支付业务和互联网金融领域广告等行为。随后，银监会、证监会和保监会分别出台相关实施方案配合此次行动。2017年7月，国务院金融稳定发展委员会设立，旨在加强金融监管协调、补齐监管短板。2018年3月，互联网金融风险专项整治工作领导小组办公室出台《关于加大通过互联网开展资产管理业务整治力度及开展验收工作的通知》，明确整改目标为2018年6月存量清零。通知要点包括强调互联网资管业务必须持牌经营，规范"引流、代销"等行为，明确定向"委托投资""收益权转让"等业务属于非法金融活动，规范管理"代销"行为。2018年11月，中国人民银行联合银保监会、证监会共同发布《关于完善系统重要性金融机构监管的指导意见》。指导意见要点包括：系统重要性金融机构作用和影响力，完善系统重要性金融机构监管途径，划定系统重要性金融机构参评范围、评估指标及公布方法，提出附加监管要求，明确处置机制。二是行业自律组织作为重要补充。2016年3月，互联网金融行业自律组织成立。协会单位会员包括银行、证券、保险、基金、期货、信托、资产管理、消费金融、征信服务，以及互联网支付、投资、理财、借贷等机构，还包括一些承担金融基础设施和金融研究教育职能相关机构，全面覆盖互联网金融主流业态和新兴业态。

中国金融科技监管困境。一是金融监管滞后于金融科技业务发展。一方面，金融监管机构监管金融科技业务无法可依。以分业监管为例，股权众筹等分业业务监管办法尚未正式成文，互联网理财、互联网信托等混业业务监管措施缺乏明确规定。另一方面，事后监管令监管机构疲于应对。互联网金融风险牵涉投资者范围广、涉案金额大，易于冲击社会稳定，监管机构通常只能在风险事件暴露后采取风险提示、劝导等应对措施，难以有效防范金融风险扩散。二是金融科技创新与风险平衡尺度难以把握。金融科技创新对促进金融改革、提高金融服务效率、扩大金融服务覆盖面具有积极作用，但回归金融本质属性、防范金融风险、保护金融消费者权益宗旨不能改变。以牺牲消费者利益为代价换取金融科技创新步伐加快，不仅扰乱金融市场秩序和影响金融体系稳定，而且还会阻碍金融科技创新进程。例如，P2P网贷初衷是弥补传统金融不足、加大支持小微企业力度，但发展初期市场准入门槛较低和监管规则缺失，导致P2P网贷企业经营管理低效、道德风险严重。未来对具有较强负外部性的互联网金融创新，不能采取"先发展后规范"思路。三是金融科技监管协调机制尚未建立。互联网金融监管实践已经表明，金融科技监管比传统金融机构监管牵涉更多政府职能部门。协调各个部门、保障协调工作长期稳定开展需要建立稳固的制度保障。目前金融科技监管在退出机制、消费者保护等制度建设方面仍不完善，监管手段仍是暂停涉案机构业务、取消相应机构资质，以及风险事件发生后提供司法救济等行政手段，距离科学规范的监管协调尚远。

中国金融科技监管困境根源。一是金融科技进步增加金融监管难度。大数据、区块链、云计算、人工智能等信息技术对金融产品各个环节产生深远且不可逆转的影响。网络科技高度虚拟化、数据计算高度复杂化，以及信息安全高度风险化彼此交叠，导致金融科技业务较传统金融更迭速度更快、监管难度更大。相较传统金融业态，金融科技监管对信息技术认知水平和监管资源配备都提出较高要求。二是分业监管与金融科技混业经营错配。金融科技发展重构金融产品或服务，为客户提供综合化解决方案更加容易。例如，互联网金融平台综合化运营，同一平台开展多项金融业务，增加互联网金融混业特征，都会导致金融风险彼此交叉、跨界传染机会大幅增加。当前金融监管体制以机构监管为主，分业监管无法解决金融科技监管重叠、监管空白等问题，未来需要凝聚共识制定监管规则和落实统一监管行动提升效率。

中国金融科技监管政策走向。一是构建穿透监管体系。逐层识别和全程监控金融科技产品。加强监管第三方技术服务供应商。二是探索沙盒监管模式。制定"监管沙盒"详细流程，确保监管过程全面、标准、安全与透明。沙盒实验宜选择商业银行为突破口试点，成熟后积极促进商业银行与新型金融科技公司联合测试。三是加强国际监管合作，并谋求主导权。四是夯实网络安全基础。建立用户信息保密制度和风险防火墙。五是完善监管协调机制。按照分类监管、协同监管要求，加强金融监管协调。六是健全信息沟通机制，消除政策鸿沟。

（三）总体发展规划

1. 总体规划目标

总体规划的指导思想。金融科技公司 C 的指导思想是坚持党的基本路线和方针，遵守国家法律、法规，执行国家政策，努力实现：一是全面贯彻集团公司战略部署，根据国民经济中长期发展规划、产业政策、集团公司发展规划和市场需求，服务集团公司建设具有卓越竞争力的世界一流能源互联网企业目标。二是面向能源互联网全业务链，依托业务场景和用户资源，应用大数据技术，深入推进信息挖掘、数据分析与业务创新，打造集能源、金融、数据交易于一体的线上综合金融服务平台。三是赋能集团公司金融业务更好地服务实体经济，促进产业转型升级。

总体规划的奋斗目标。金融科技公司 C 奋斗目标是建成世界一流的能源互联网金融科技企业，成为能源金融科技服务的引领者，成为推动公司高质量发展的重要力量。实现这一目标需要三个阶段：第一步（2018—2022 年），初步建成交易规模千亿级、以供应链金融为特色的世界级能源金融科技运营商；第二步（2023—2027 年），基本建成以 B 端和 C 端为两翼、以能源全产业链为金融场景、拥有核心金融牌照的世界级优秀能源金融科技运营商；第三步（2028—2032 年），全面建成具有强大金融科技输出能力的世界级卓越能源金融科技运营商。

2. 核心发展策略

谋划企业战略和阶段性目标。围绕不同阶段发展目标，从商业模式、管控模式、企业文化、人才激励等方面分别配套制度设计。

借助技术打通金融场景，持续创造全新产品形态。围绕供应链金融、个人金融、支付工具和电费金融，创新差异化的金融产品供给。

推进技术创新，输出金融科技产品。包括信用评估模型、反欺诈技术、金融云平台、数据整合服务。

伴随集团公司国际化发展，提高金融科技服务国际化水平。

及时补充互联网金融牌照。短期内设立或收购商业保理、小贷公司，提高注册资本；条件成熟时，申请消费金融牌照，或联合金融机构设立互联网银行或保险。

3. 经验借鉴：开拓者蚂蚁金服
（1）蚂蚁金服基本现状

蚂蚁金服业务概览。蚂蚁金服实施"普惠、科技、全球化"三大战略，涵盖六大金融业务板块：一是支付业务，包括支付宝；二是投资理财，包括余额宝、基金销售、招财宝和蚂蚁达客；三是微贷业务，包括网上银行、蚂蚁花呗和蚂蚁借呗；四是保险业务，包括健康险、意外险、旅行险、财产险、人寿险、车险、乐业险、公益和运费险；五是信用业务，包括芝麻信用；六是技术输出，包括区块链、人工智能、安全、物联网和金融云。

蚂蚁金服牌照资质。蚂蚁金服牌照或资质包括：一是支付牌照，如支付宝；二是银行牌照，如网商银行；三是保险牌照，包括众安保险和国泰产险；四是证券牌照，包括蚂蚁聚宝和恒生电子；五是征信牌照，包括芝麻信用；六是众筹牌照，包括蚂蚁达客；七是基金及销售，包括招财宝、余额宝、天弘基金、数米基金和德邦基金；八是小贷牌照，包括蚂蚁小微小贷和蚂蚁商城小贷；九是首批金控公司监管试点企业之一。

（2）蚂蚁金服发展历程

蚂蚁金服业务发展历程。一是搭建框架阶段。2004年12月，支付宝分拆独立运营；2011年6月，成立蚂蚁商贷，进入信贷业务；2013年3月，联合腾讯、平安发起设立众安在线；2013年6月，理财产品余额宝上线；2013年8月，成立蚂蚁微贷；2014年10月，成立以支付宝为主体的蚂蚁金服。二是平台变现阶段。2015年1月，芝麻信用上线；2015年4月，收购数米基金，涉足线上公募基金销售；成立招财宝，连接个人投资者和中小企业；上线蚂蚁花呗和蚂蚁借呗，服务消费金融；2015年6月，成立网商银行；2015年11月，成立蚂蚁达客，连接投资者和创业者。三是国际拓展阶段。2015年1月和9月，两次投资印度版支付宝Paytm，占股比例近40%；2016年11月，投资泰国版支付企业Ascend Money；2017年2月，联合韩国互联网企业Kakao，设立移动支付企业Kakao Pay；2018年3月，联合印尼传媒集团Emtek推出印尼版支付宝DANA；2018年4月，联合孟加拉国移动支付公司bKash，提供数字金融服务。

蚂蚁金服资本运作历程。A轮融资阶段，2015年7月，引入全国社保基金、国开金融、太平洋保险、新华人寿等8家战略投资者累计融资19亿美元，融资后公司估值300亿美元。B轮融资阶段，2016年4月，引入中投海外公司和建信信托领投、中国人寿、中邮集团和国开金融等战略投资者累计融资35亿美元，融资后公司估值600亿美元。C轮融资阶段，2018年6月，引入新加坡政府投资公司、马来西亚国库控股、华平投资、加拿大养老基金投资公司、银湖资本、淡马锡、泛太平洋资本集团、凯雷投资等国际知名机构累计融资140亿美元，融资后公司估值1500亿美元。此轮融资后，阿里高管透过杭州君瀚和杭州君澳共同控制76.43%的蚂蚁金服股权。

（3）蚂蚁金服经验借鉴

以支付为入口、以流量为核心，构筑金融生态系统。借助淘宝网和天猫商城引流，支付宝为金融机构、商户和消费者提供支付服务，作为获客入口快速积累海量长尾用户。拥有强大的用户流量资源后，蚂蚁金服通过投资并购，或战略合作将支付业务拓展到理财、微贷、保险、信用等领域，全方位覆盖各类生活场景，吸引更多用户构筑金融生态闭环系统。2018年6月，蚂蚁金服累计参与投资并购事件98起，覆盖金融、人工智能、企业服务、出行、餐饮、文化娱乐、生活服务、农业、房产家居、电子商务等领域。随着产业链不断拓展、应用场景不断丰富，蚂蚁金服控制了大部分市场流量，拥有稳定的客户群，其它互联网金融公司只能从深化场景方面形成竞争力。

技术创新提升金融效率和重构金融触达方式。一是支付业务创新。借助金融云将商户支付费率降至美国的20%，实现水、电、燃气等自动缴纳，条码支付、声波支付、指纹支付、刷脸支付等生物识别技术应用于停车场、高速收费站和部分商店。二是财富管理业务创新。余额宝打通货币基金和消费体系之间阻隔，实现更快捷申购赎回和消费，成就最大货币基金。蚂蚁财富提供开放性理财平台，向入驻金融机构提供技术、运营、数据支持。三是贷款业务创新。利用人工智能分析客户行为数据，完善信贷风控模型，达到网络贷款"310"服务标准（3分钟申请、1秒钟到账、0人工干预）。四是保险业务创新。一方面，搭建新型保险平台，优化保险产业链，提供便捷化产品。例如，"定损宝"模拟车险定损人工作业流程，通过算法识别事故照片，几秒钟即可估计定损结果，大幅降低定损成本。另一方面，借助大数据、AI等技术，解决保险行业风险定价痛点。例如，"车险分"借助数据建模技术形成消费者车险标准分，为保险公司准确识别客户风险和合理定价提供依据。五是信用业务创新。芝麻信用基于阿里电商交易数据和蚂蚁金服互联网金融数据评估用户信用，提供快速授信、免押金租房、借书、住宿、现金分期等服务，推动信用城市建设。技术创新替代商业模式和流量红利，成为蚂蚁金服增长新引擎。

4. 经验借鉴：突围者京东金融

（1）京东金融基本现状

京东金融业务概览。京东金融涵盖五大互联网金融领域。一是融资服务。以京东白条为代表，面向 C 端客户提供消费、旅游、家装等小额信贷业务；以京小贷为代表，为京东商城平台商家提供短期经营贷款。二是支付服务。借助京东支付和京东钱包，攻占线上第三方支付市场；依托"网银在线"，开展线下收单业务。三是资产管理服务。依托京东小金库平台，向个人客户代销理财、基金、万能险、众筹、私募股权等多层次投资理财产品；依托企业金库平台，为企业提供现金管理及理财服务。四是综合金融服务。围绕客户行为、需求、网络交易数据，与大型保险公司共同设计和销售互联网保险产品；筹建京东财产保险公司；依托投资数据平台和量化策略平台，进入证券服务领域；打造超市自选型基金代销平台。五是数据应用服务。依托主营业务积累用户数据、信用数据、物流、仓储数据，为企业提供大数据服务。

京东金融牌照资质。京东金融牌照或资质包括：商业保理牌照、保险经纪牌照、小额贷款牌照、第三方支付牌照、人民银行支付业务许可证、基金销售支付结算机构资格、跨境电子商务外汇支付业务试点资格，以及高新技术企业证书、获准接入中国人民银行征信系统、支付卡行业数据安全标准认证。京东金融软肋是缺乏银行、证券、保险等核心金融牌照。

（2）京东金融发展历程

京东金融业务发展历程。一是供应链金融阶段。2013 年 10 月，京东金融独立运营；2013 年 12 月，上线"京保贝"，提供 3 分钟融资到账服务；2014 年 10 月，上线"京小贷"，为京东商城平台商家提供小贷服务。二是 C 端获客阶段。2014 年 2 月，上线首款信用支付产品"京东白条"，初期限于自营店铺，而后扩大到京东商城第三方店铺；2015 年推出"白条+"，将白条推广到旅游、教育等场景；2015 年 10 月，"京东白条"应收账款债权资产支持专项计划挂牌深交所；2016 年 9 月，推出白条闪付，用于线上和线下消费。三是多元金融阶段。2014 年 3 月，上线产品"小金库"，提供基金理财业务；2015 年 1 月，成立众筹平台；2015 年 8 月，与中信银行联合推出"小白卡"；2015 年 9 月，发布农村信贷品牌"京农贷"；2016 年 5 月，推出企业理财服务产品"企业金库"；2016 年 12 月，推出"东家财富"；2017 年 11 月，与工商银行联合推出数字银行"工银小白"；四是金融科技输出阶段。2015 年 1 月，投资美国大数据分析公司 Zest Finance；2017 年 12 月，京东金融 AI 硅谷实验室投入运营；2018 年 11 月，京东金融更名京东数字科技。

京东金融资本运作历程。一是 A 轮融资。2016 年 1 月，京东金融启动 A 轮融资，向红杉资本、嘉实投资和太平保险等外部投资者募集资本 66.5 亿元，交易后京东金融估值 466.5 亿元。刘强东及京东合伙人代表的宿迁利贸东宏投资公司（京东公司通过 VIE 结构控制）和宿迁东泰锦荣投资公司共持有 86% 股权。二是拆解 VIE 控制权结构。2017 年京东中报披露，京东公司将持有的 68.6% 京东金融股份以 143 亿元出售，合并财务报表时不再纳入京东金融，但保留京东金融 40% 的税前利润分配权和股权转换权。VIE 控制权结构拆解后，京东金融成为内资企业。三是谋划 B 轮融资。2018 年 7 月，京东金融宣布与中金资本、中银投资、中信建投、中信资本等国资机构签署增资协议计划，募集资金 130 亿元，交易后京东公司估值 1330 亿元。

（3）京东金融经验借鉴

抢抓机遇，持续推动战略转型。一是借助京东商城平台，发展供应链金融。京东金融雏形始于京东商城 B 端供应链金融业务。京东商城上下游企业大量应收和应付账款为供应链金融创造内部融资需求，而商业银行受监管规定约束难以提供供应链金融服务，京东金融顺势成功切入中小企业保理融资服务。二是创新京东白条，成功实现 C 端突围。当支付宝垄断国内第三方支付市场 80% 以上份额时，京东金融推出信用赊购工具京东白条，刺激 C 端消费并带动支付业务增长。京东白条上线后迅速突破京东体系，延伸到旅游、租房、装修、教育、汽车等大众消费场景。三是联合金融机构，挖掘消费场景。随着金融监管日益趋严，京东金融与商业银行合作推出联名卡，从场景和业务中增加收入。四是输出金融科技，向轻资产模式转型。京东金融向金融机构提供信用评分风控模型、向企业提供供应链金融解决方案，推出金融云平台服务金融企业等轻资产化战略，扭转整体亏损局面。

打通场景，创造全新产品形态。一是消费金融场景，形成风控和成本优势。利用京东商城积累 C 端客户，为消费者提供消费金融产品；主导金融白条，逐步发展为白条资产证券亿（ABS）、白条联名卡，进一步开展金条现金贷业务。打通多个场景，丰富旅游、租房、购房、装修和教育等外部消费场景。以白条为例，以京东商城数据为基础，通过大数据技术控制风险；将赊销成本向上游供应商转移和发行京东白条资产证券亿（ABS），降低资本成本。二是供应链金融场景，打造服务闭环，增强供应商黏性。例如，京保贝针对京东商城自营供应商，利息不高但逾期率低。又如，京小贷针对京东商城开放平台商家，定制化信贷服务。三是支付服务场景，接入重要端口突围支付宝封锁。一方面，与银联合作，快速切入线下支付市场；另一方面，接入京东白条、小金库等重要端口，实现线上一键支付。

白条闪付业务发展迅猛，居国近场通信（NFC）市场占有率首位。四是财富管理，个人、企业、高端理财三管齐下。个人理财方面，零用钱账户年化收益率高出余额宝；企业理财方面，快速赎回适应企业流动性管理；高端理财方面，依托大数据投研和专业团队。五是综合金融服务，打造一站式金融。保险业务方面，创新白条购险，增资安联拿下保险牌照；证券业务方面，基于京东商城数据形成研究报告，向投资机构出售；建立投资模型，赚取投资佣金或合作投资。金融科技业务方面，对外输出个人信贷平台、ABS云平台、银行互联网平台。

强化数据优势和风控能力。数据处理方面，京东金融每日新增数据量超过200T。积极应用深度学习、图计算、生物探针等人工智能技术，在生物识别、大数据风控、智能营销等领域形成技术领先优势。信用评估模型方面，京东金融自主归纳、推演风控模型并不断更新迭代。当前京东金融风控模型包含解释变量超过60万个、回归模型超过500个、风险策略超过5000种，实现对亿级用户信用风险评估。反欺诈技术方面，京东金融自主研发RNN时间序列算法学习用户行为路径，识别风险用户准确率超过常规算法3倍；自主研发生物识别技术，人脸识别准确率达到99.9%。凭借强大风控能力和数据处理能力，京东白条不良率持续低于行业均值。数据整合方面，京东金融推出一站式数据整合平台"京东稻田"，依托亿级海量数据、强大数据挖掘和建模能力，整合AI服务、营销服务、数据服务、舆情服务、行业研究模块，为企业提供数据服务。

加强内部业务协同和外部战略合作。内部业务协同方面，致力于打通和整合现有业务板块，实现产品化、整体化输出，以支付体系为例，串联京东支付、白条、小金库等系列产品，穿透存、贷、转等重要环节，为用户提供多元化选择；外部机构合作方面，携手银行推出联名卡，推出工银小白数字银行、大连银行直销银行等产品，为银行提供核心流程再造服务。

（四）供应链金融业务发展规划

1. 供应链金融市场现状

供应链金融的发展背景。一方面，银行贷款按照信用主体进行信用评估，导致中小微企业抵押贷款比例较高。艾瑞咨询对企业贷款结构估算，2018年大型企业抵押贷款占比31%，而中小微型企业抵押贷款占比则分别为50%、55%和58%。另一方面，部分中小微企业存在回款稳定、风险较低的业务。供应链金融服务中小微企业的优质业务，可以缓解中小微企业融资困境。

供应链金融的交易形态。一是应收账款融资，包括保理、保理池融资、反向保理、票据池授信等。融资基础是真实贸易合同产生的应收账款为还款来源；业务功能是缓解下游企业赊销账期较长导致的资金紧张；业务风险是虚假贸易、买方不承认应付账款、买方主张商业纠纷等。二是库存融资。融资基础是控制货权；业务功能是盘活采购之后在途物资，以及产成品库存占用的沉淀资金；业务风险是实物控制权落空。三是预付款融资。融资基础是预付款项下客户对供应商的提货权；业务功能是缓解一次性交纳大额订货资金带来的资金压力；业务风险是上游供货商未能足额、按时发货，以及货权控制权落空。应收账款融资是当前供应链融资主要模式。

供应链金融的发展基础。一方面，工业企业应收账款和存货规模初具体量，为供应链融资奠定需求基础。根据国家统计局数据，中小型工业企业应收账款规模从2013年的5.9万亿元上升到2017年的8.0万亿元，企业存货规模从2013年的5.2万亿元上升到2017年的6.0万亿元。另一方面，供应链融资供给远不满足应收账款和库存融资需求。艾瑞咨询估计，2018年供应链金融市场规模2万亿元。银行家调查问卷显示，中小企业贷款需求指数持续大于50%，而银行贷款审批指数持续低于50%，意味着制约供应链金融市场发展因素是产品供给端。

供应链金融的市场规模。艾瑞咨询构建模型，利用应收账款规模推算供应链金融市场规模。模型基本参数为：应收账款融资额度是应收账款的75%，库存融资额度是货物价值的40%，20%的供应商被供应链金融产品覆盖。模型推导结论为：2018年供应链金融市场规模2万亿元，增长率为5.7%；2022年供应链金融市场规模2.4万亿元，增长率为4.7%。

2. 经验借鉴：京东供应链金融

京东供应链金融致力于打造闭环服务，增强供应商黏性。金融产品方面，针对京东供应商，推出京保贝；针对合作商户，推出京小贷；针对电商，推出动产融资等产品。融资额度方面，京保贝（上海邦汇商业保理有限公司）主营业务是商业保理，注册资本为21.7亿元，按照10倍杠杆估算，最大融资额度217亿元。京小贷（北京京汇小贷公司）主营业务是小额贷款，注册资本10亿元，按照1.5倍杠杆率估算，最大融资额度15亿元。2017年，京东供应链金融交易额1365亿元，余额226亿元，利息收入15亿元，整体逾期率为1.78%。

（1）京保贝：服务自营供应商，输出供应链解决方案

利息不高且逾期率低。2013年12月，京东推出首款供应链金融产品京保贝。京保贝授信对象是京东体系内自营供应商，贷款模式是供应商对京东商城应收账款保理融资，单笔额度最高达到1000万元。京保贝借助大数据技术分析供应商现金流及运营状况，提供无担保、无抵押融资；联手商业银行，将放款周期控制在三分钟内，且所有操作网上完成。2017年，京保贝平均利息为9%，平均借款期限33天；用户渗透率为12.2%，商品交易总额（GMV）渗透率为12.4%；期末逾期率仅为0.01%。

三大优势提升融资效率。融资成本方面,京保贝通过线上自动化系统降低运营成本,快速贷款还款、按日计息,节约融资成本,提高效率。系统设计方面,通过开放式系统架构,引导客户系统快速对接;只接受应收账款数据,保障客户隐私和数据安全。风险控制方面,利用动态风控与动态授信策略实时更新融资额度,通过大数据手段监控每个贸易流转环节和每笔应收账款,满足客户多次融资需求。

提供供应链金融解决方案。目前京保贝对外全面开放,未来将依托自身核心能力,对希望构建供应链金融体系的企业输出包含平台搭建、数据处理、风控建模、高能账户、资金支持、资产处置等服务。2018年6月,京保贝已经为消费品分销、物流运输、医药分销、航空差旅、超市零售等提供供应链金融解决方案。

(2)京小贷:服务开放平台商家,定制化信贷服务方案

依托京东大数据定制化信贷。2014年10月,京东上线京小贷。京保贝授信对象是京东开放平台供应商,贷款模式包括依据商户历史数据的信用贷款,以及依据商家在途订单货款的订单贷款,单笔额度最高达到500万元。京小贷放款到京东钱包,提现到企业对公账户;根据企业实际经营情况进行差异化定价。京小贷提供订单贷款、信用贷款、大促贷、提前收款和京准通代充服务等。

为店铺开通贷款资格。2017年,京小贷平均利息为12%—18%,远高于京保贝9%;订单贷平均借款期限17天,信用贷平均借款期限84天;用户渗透率为4.5%,GMV渗透率为3.2%;期末逾期率为2.8%。电子商务研究中心数据显示,2017年京小贷开通店铺累计超过5万家,实现对京东体系内供应商和商家全覆盖。

(3)动产融资:数据优势推动高效、稳健运作

动产融资业务。动产融资额度100万—1000万元,具体额度需要结合客户提供资料、信用及经营情况确定。借款期限最短1天，最长90天。2016年1月，企业动产融资单月放贷规模过亿元。

动产融资特色。一是通过数据和模型自动评估商品价值。京东拥有海量商品数据，包含商品当前售价、历史售价和价格波动情况等核心信息，能够准确预测质押物在质押期限内的价格波动，从而评定商品价值和质押率。二是交叉验证商品实现全程可追溯。从生产、运输、存储到销售全链条数据交叉验证，辅以抽样验货，以较低成本快速解决货物真假查验问题。京东动产融资将自动配对检验销售数据和仓库数据，数据一致才被视为真实销售，从而有效规避信用风险和诈骗风险。三是物流系统智能调整。质押品临近售罄时，系统会及时提示客户补货。

3. 经验借鉴：诺诺供应链金融

诺诺金服是浙江爱信诺航天信息下属创新性中小微企业金融服务平台，依托母公司爱信诺的企业信息服务基础，通过汇集企业大数据模型化分析，协助企业匹配海量融资产品。爱信诺是国家"金盾工程"推动者，20多年专注于用户财税业务服务，积累了广泛的用户资源和丰富的服务经验。爱信诺旗下互联网平台包括诺诺服务、诺诺商城和诺诺金服等。

（1）诺诺金服现状与历程

诺诺金服发展现状。目前诺诺金服服务金融机构直接监管企业超过1万家，覆盖企业经营、财税、工商、司法、企业法人信用等9个维度数据。诺诺金服业务模式：一方面，通过核心大数据分析，构建完整企业经营画像并对接金融机构，为中小微企业匹配合适的企业级综合金融服务。另一方面，通过大数据场景服务，为金融机构提供税收控制、资产催收等外围场景化服务。

诺诺金服发展历程。2014年2月，诺诺商城上线；2014年

8月，企业用户网络自助缴费系统上线；2015年5月，诺诺金服上线；2015年6月至2016年1月，诺诺网地方站相继上线；2016年2月，办公服务交流平台诺言APP上线；2016年10月，诺诺网与支付宝合作，扫码即可极速开票；2016年12月，发票代开业务上线；2017年2月，联合浦发银行，同步上线首款全线上秒批审贷产品；2017年7月，承接国税总局专版"发票助手"客户端研发，极速开票兼容发票助手，并向全国推广。

（2）诺诺金服核心产品

诺诺银税贷产品。由浦发银行与诺诺金服联合开发，专为通过航天信息金税系统开具增值税发票的纳税企业量身定做。诺诺银税贷以企业真实开票、纳税等经营数据作为授信依据，对接人民银行征信系统及外部反欺诈数据，实现从申请到放款全业务流程在线完成。诺诺银税贷产品随借、随用、随还；无抵押、免担保、不收中介费用；贷款期限最长1年，额度最高可达100万元；最快10秒申请、5秒审批、1分钟贷款到账。申请企业无须额外提供申请材料，但要求依法开票纳税、有固定经营场所、无实质性不良信用记录。上线2个月时，诺诺银税贷平均贷款完成时间3分26秒，平均贷款规模30万元，万元资金单日利息不到3元。上线6个月时，累计提供贷款21亿元，服务中小微企业超过1万家。

诺诺其他金融产品。诺诺金服与瀚华金控合作推出产品包括：一是金税贷，最高限额1000万元，月化利率0.90%起，还款期限4—12个月，放款对象为小微企业和个体工商户，要求经营正常且无不良信用记录。二是金税贷（即时贷），最高限额100万元，月化利率1.50%起，还款期限3个月，放款对象为企业，要求年度营业收入100万—1000万元，年度经营记录2年以上。三是金税贷（成长贷），最高限额100万元，月化利率0.85%起，还款期限12个月，放款对象为企业，要求年度营业收入100万—1000万元，年度经营记录2年以上。诺诺金服与平安银行合作推出产品包括：一是发票贷，最高限额 50 万元，月化利率 10.00% 起，还款期限 36 个月，放款对象为小微企业，要求最近 12 个月内不存在连续 3 个月经营数据空白，年度经营记录 2 年以上。二是大数贷，最高限额 300 万元，月化利率 1.00% 起，还款期限 3 个月，放款对象为中小企业，要求经营记录 2 年以上。三是橙 e 贷贷平安卡，最高限额 100 万元，月化利率 1.20% 起，还款期限 12 个月，放款对象为非传统制造行业企业或个体工商户，要求年度营业收入超过 500 万元，年度经营记录 3 年以上。四是橙 e 商超医疗贷，最高限额 1000 万元，月化利率 1.00% 起，还款期限 12 个月，放款对象为商超及医疗行业供应商，要求年度营业收入大于 300 万元，年度经营记录 3 年以上。五是银票通，最高限额 1 亿元，月化利率 0.30% 起，还款期限 6 个月，放款对象为企业。

(3) 诺诺金服竞争优势

诺诺金服核心竞争力。一是精准获客。诺诺金服自有服务企业 900 万家，通过大数据进行企业经营行为比对滤镜、行业分析、融资产品场景匹配等方式，为企业推荐合适便捷的金融产品。二是数据验真。通过工商、司法、法人信用、经营反欺诈等全国正规数据全方位比对剖析，实现尽调数据不上门、风控数据不落地、数据处理不人工。三是贷后监管。个性化设置预警标准，全天 24 小时网络数据实时监测，配合线下回访等定制专项服务。

4. 供应链金融业务的发展策略

产品设计策略。一是借鉴诺诺银税贷模式，联合商业银行基于网上商城交易数据开发信贷产品，充分挖掘网上商城精准获客、贷后监管优势。二是面对自营供应商采用应收账款保理服务模式，产品设计借鉴京保贝。三是面对开放平台商家借鉴京小贷模式，包括依据商户历史数据的信用贷款，以及依据商家在途订单货款的订单贷款。

资本运作战略。短期而言，借鉴京东经验，设立商业保理公司并增资，撬动更大融资额；设立小贷公司，获得更大融资额。长期来看，谋求联合金融机构，设立互联网银行。

提升融资效率。借鉴诺诺金服和京保贝经验，一是通过线上自动化系统降低运营成本，实现快速贷款还款。二是设计开放式系统架构，引导客户系统快速对接。三是通过大数据手段监控贸易流转每个环节、每笔应收账款情况，及时更新融资额度。

（五）网络消费金融业务发展规划

1. 网络消费金融市场现状

行业进入快速扩张期。一是交易规模高速增长。艾瑞咨询统计，互联网消费金融交易规模从2011年的6.8亿元上升至2016年的4367亿元，年均增长率超过200%。二是占比逐年提升。中金公司统计，互联网消费金融平台在消费金融市场份额从2014年的0.5%快速提升2017年的5.5%。三是未来有望扩张。艾瑞咨询预测，2017年互联网消费金融（不含银行）将进入万亿量级，未来五年复合增速将超过98%。

主体多样、业务交叉。一是个体网贷平台，定位为信息中介机构，促成个体出借人与借款人线上借贷。目前个体网贷尚未实行牌照管理，而是采用工商登记注册和金融办备案审核。2015年后，个体网贷平台开始转向个人消费融资服务。二是网络小贷公司，开展消费性融资和经营性融资业务。牌照由省金融办发放，业务不受属地限制。三是互联网消费金融公司，仅能开展个人消费性融资业务。目前尚无专项牌照，一般通过网络小贷牌照执业。四是消费金融公司，经银保监会批准发放牌照，经营个人消费贷款（不含购买房屋和汽车）。目前消费金融公司业务逐渐线上化。五是商业银行,包括传统银行通过网上银行、手机银行、微信平台等渠道实现贷款流程线上化,以及新设立的直销银行、民营银行等互联网银行。

行业竞争更加激烈。电商公司系方面,单家成交量千亿级规模,场景、数据优势明显。2016年蚂蚁金服旗下花呗、借呗贷款投放均超过3000亿元,京东金融消费性融资业务超过1000亿元。个体网贷系方面,单家成交量百亿级规模,风控特长较为突出。拍拍贷等6家P2P平台月投放量均超过10亿元。消费金融系方面,单家平台成交量十亿至百亿级规模,深耕于细分领域。第一梯队,趣分期、分期乐等平台年成交量300亿—500亿元;第二梯队,买单侠、马上消费金融等平台年成交量超过10亿元。商业银行系方面,消费信贷线上化趋势提速。目前商业银行主要打造自有线上消费场景(工行融e购平台)、与电商企业合作(微粒贷联合银行放贷)、发放现金类消费贷款来弥补效率短板。

2. 经验借鉴:京东白条

(1) 京东白条现状与历程

京东白条业务现状。京东白条是京东首款互联网消费金融信用支付产品,布局线上线下、连通体内体外。京东白条允许符合条件的京东注册会员在京东商城购买商品时使用,首创"先消费、后付款"信用支付方式。借贷费率方面,一是最长30天无费率延期付款;二是分期服务费,包括费率基准为每月0.5%—1.2%,日服务费率为0.5‰;三是违约金,每日0.7‰。盈利模式方面,依靠自身资金获利,赚取扣除资金风险后的分期手续费。通过分析积累的大量客户数据及购买记录,对用户进行信用评级建立信用体系。2017年京东消费金融交易额2144亿元,余额485亿元,利息收入53亿元。

京东白条发展历程。京东白条发展经历四个阶段:第一阶段，仅适用于自营店铺的白条。2014年2月，京东白条正式开展业务，覆盖京东自营平台产品。客户在京东商城购物，可申请使用白条付款，享受账期内延后付款（最长30天）或者分期付款（最长24期）等增值服务。第二阶段，适用范围扩大到京东商城第三方店铺。第三阶段，推出"白条+"。2015年推出"白条+"，将白条业务延伸到多个场景，包括旅游白条、车险白条、教育白条等。第四阶段，线下支付。2016年9月，推出白条闪付业务，用于在线消费和线下POS消费信用支付。2016年9月，白条闪付覆盖全国1900多万台银联闪付POS机、线下800多万家商户。

（2）京东白条竞争优势

易于获取客户。受益于京东商城场景多样化，以及信用赊购消费需求不断增长，京东白条获取客户较为容易。2015年9月，白条活跃用户超250万人。白条上线三年后，授信用户逾1.2亿人。

风控能力较强。风控能力核心竞争力源自征信系统。通过大数据技术，以京东电商庞大数据库为基础，从环境、行为和账户风控技术等方向入手，有效控制自身风险。2017年京东金融完成3亿京东用户信用风险评估工作。

资金成本较低。京东消费金融体量虽不及蚂蚁金服，但资金成本与蚂蚁金服一致，年利率维持在5.5%。一是自有资金。通过调整对上游供应商结算周期，将赊销成本转移到上游供应商，实现自有资金与消费金融业务合理对接。二是ABS融资。2015年华泰证券作为资管计划管理人，设计基于京东白条资产的ABS，成功在深交所挂牌交易。京东白条ABS基础是京东白条资产，由京东商城有效控制风险，产品利率较低。艾瑞咨询统计，2017年第四季度，京东金融发行ABS优先级平均利率仅为5.39%，远低于花呗、拉卡拉等ABS产品利率。三是通过银行等金融机构融资。

联合银行构建信用体系。京东白条与多家银行携手打造白条联名信用卡，实现将自身用户信用权益与金融机构用户信用权益相捆绑，构建新的信用体系。截至2018年1月，京东白条与中信、光大、民生、华夏、上海、招行、广发等商业银行合作发布25张联名卡，白条联名卡用户申请量已经突破1000万元。

3. 经验借鉴：蚂蚁花呗、借呗

（1）蚂蚁金服消费金融现状

产品定位清晰、优势互补。以花呗为例，定位消费型授信融资，锁定年轻长尾客户。花呗提供"先买后付款"网络赊购服务，可享受10—41天免息期，同时可开展账单分期与交易分期。花呗主要面向传统信用卡未能覆盖的长尾客户群，也涵盖通过便捷支付体验和优惠分期费率吸引的部分信用卡持卡人。中信证券统计，花呗业务主要面向有稳定消费记录的年轻消费群体，年龄段为20—30岁的客户占比63%；贷款金额体现出小额分散等特点，单笔贷款3000元以下的业务占比77%。以借呗为例，定位消费类现金贷，锁定优质消费群体。借呗为个人消费类线上现金贷，还款期限最长12个月，支持随借随还、按日计息。借呗业务主要面向有稳定支付和消费记录的消费群体。中信证券统计，借呗主要用户在25—45岁年龄段分布相对均匀；借款余额在1000元至3万元之间分布较为均匀。

业务规模接近股份制银行。2017年4月，花呗贷款余额710亿元；借呗贷款余额1350亿元。按照个人非住房贷款余额口径统计，蚂蚁消费金融（花呗+借呗）规模可跻身全国股份制银行之列，高出华夏银行、宁波银行、北京银行和南京银行。按照银行卡透支余额口径统计，花呗业务余额710亿元，接近华夏银行789亿元规模，远高于宁波银行、南京银行信用卡透支业务余额。

（2）蚂蚁消费金融竞争优势

场景优势：封闭到开放，线上到线下。场景直接决定着线上融资业务规模和质量。线上端，依托阿里巴巴 3.8 万亿元商品交易总额和 5.1 亿月活跃客户；线下端，200 多万个体小商户通过收钱码入口进入场景。蚂蚁金服消费金融场景拓展经历了三个阶段。一是阿里体内场景布局阶段。2015 年 4 月，蚂蚁花呗上线。基于风险控制考量，消费场景主要面向阿里内部线上平台。目前淘宝和天猫商城中近 80% 的商家都接入蚂蚁花呗。二是线上体外场景布局阶段。2015 年 7 月，蚂蚁花呗尝试拓展体外线上场景，主要集中布局 3C 线上商城、购物生活类电商和线上线下结合平台三大类场景，意在补充授信客户线上消费场景。三是线下场景布局阶段。2016 年 7 月，蚂蚁花呗以医院、商场为突破口，尝试拓展线下场景。2017 年 6 月，花呗支付功能内嵌入收钱码，近 200 万家个体小商户消费信贷将被纳入蚂蚁花呗分期范围。

风控优势：大数据为支撑，风险防控并重。2017 年 4 月，蚂蚁花呗和借呗不良率分别为 1.39% 和 0.48%，逾期率分别为 1.96% 和 0.67%，低于公布消费贷款不良率的上市银行（中国建设银行 1.59%，中国农业银行 2.04%）。一是海量大数据基础。其一，阿里电商平台万亿级商品交易总额，积累了大量交易数据和行为数据。其二，融资业务快速扩张，丰富了用户高质量信用数据，实现数据闭环正向强化。其三，芝麻信用借助云计算、机器学习等技术将基础数据（信用历史、行为偏好、履约能力、身份特质和人脉关系）转化为信用评级分值。二是全流程信用风险管控。其一，差异化贷前管控。采用准入决策机制和额度管理机制，利用消费场景沉淀数据和信息集成预测模型，确定客户准入及授信额度。从执行效果看，花呗和借呗呈现出"贷款余额越高，不良率越低"特点，表明准入决策机制和额度管理机制识别风险和甄别客户作用明显。其二，精准化贷中投放。采用触达机制，对贷款投放时间、方式和渠道进行精准化管理，同时设置差异化定价和个性化权益，有助于贷款投放过程对客户进行二次筛选。其三，精细化贷后管理。采用高频监控、多层次催收等手段控制风险和防止不良。不断丰富底层信用数据，完善账户行为、价值预测和风险预测模型。三是多维度欺诈风险管控。其一，多渠道获取用户特征。利用阿里体内数据以及第三方全域数据，综合分析客户既往信贷、消费及行为数据，并基于预测模型给出预测结果。其二，多手段刻画用户关系网。利用关联公司和外部数据，形成大数据网络，综合分析客户社交关系网。其三，多策略实施监测操作及欺诈风险。

资金优势：证券化锁定低成本资金。融资规模方面，资产证券化融资规模第一。ABS 资金占蚂蚁花呗和借呗资金来源比例分别高达 81% 和 27%。2017 年 6 月，蚂蚁花呗、借呗发行资产证券化产品余额分别为 753 亿元和 509 亿元，遥遥领先其他互联网消费金融主体。ABS 发行为蚂蚁金服提供了稳定的批发性资金来源，降低了其对自有资金和金融机构同业资金的依赖。融资成本方面，ABS 发行利率保持同业最低水平。2017 年上半年，蚂蚁借呗、花呗发行 ABS 优先级产品年利率分别为 5.16% 和 5.33%，为同类消费金融公司 ABS 利率最低水平。蚂蚁金服 ABS 利率较低，得益于基础资产不良率控制较好。

4. 网络消费金融业务发展策略

扩大消费场景。一是清晰产品定位。针对消费型授信融资和消费现金贷业务，分别创新不同产品。二是丰富金融场景。完善电商平台和跨境电商平台产品品类，增加消费者黏性。三是扩大客户来源，将信用贷群体由集团员工延伸至中央企业和事业单位人员。

完善风险控制。一是整合电商数据，探索将基础数据转化为信用分值的信用评估模型。二是贷前、贷中、贷后全流程管控风险。三是探索欺诈模型，识别欺诈行为。

获取便宜资金。一是联合商业银行构建信用体系，借鉴京东白条与多家银行携手打造白条联名信用卡模式。二是调整资金结算周期，向上游供应商转移赊销成本。三是提高应收账款资产证券化比例。

（六）财富管理业务发展规划

1. 经验借鉴：京东财富

财富管理业务产品丰富。京东财富管理分为定期理财、基金理财、特色理财，涵盖稳健、进阶、定制理财需求。理财产品均支持京东小金库购买，且能享受额外收益。京东金融依托自身金融科技优势，积极创新研发金融理财产品，如推出行业第一只大数据基金、第一只主动型大数据券商基金等。截至2017年底，京东金融已经与400余家银行、60余家保险公司、100余家基金公司建立合作伙伴关系，包括中国平安、太平洋保险、中国人寿、华夏基金、建信基金、阳光保险集团等金融机构。

个人理财：零用钱账户收益率高。京东金融提供个人理财服务，包括货币基金、债券基金、股票基金、券商资管、票据集合、投连险等产品，产品线高度覆盖。京东小金库为个人用户打造资产增值服务，资金可随时转出，或通过京东金融购买理财产品、商城消费、白条还款等。京东小金库分为零用钱与理财金账户。以零用钱账户为例，主打小额商城消费、还白条、信用卡还款及小额理财；单日快速转出限额15万元；7日年化收益率为4.21%，比余额宝高出0.43个百分点。以理财金账户为例，提供大额、快捷、安全的理财专属账户；单日快速转出限额50万元；7日年化收益率为4.33%，比优选理财低出0.39个百分点。京东金融还提供京智财富2号、基金定投、小白基金、京东黄金、京东宝宝全罐、基智账户、慧投理财等个人理财服务，涵盖稳健、进阶等不同层次理财需求。

企业理财：满足企业流动性要求。2016年5月，京东金融企业理财产品上线，具体分为企业金库与定期理财。以企业金库为例，0.01元起投；操作灵活、实时赎回到账；7日年化收益率为3.95%。以定期理财为例，最低1万元起投；历史本息全额兑付；7日年化收益率为4.6%到7%。企业理财产品基本满足企业资金流动性需求。

高端理财：打造高端投资服务平台。依托京东金融大数据投研能力和精英专业团队，为高净值客户提供六大产品。一是类固定收益产品，依托京东集团资源整合优势，汇集信托、保险、券商资管、基金子公司等金融机构优质资产，严格风控、精耕投后管理。二是阳光私募产品，以股票多头、市场中性、宏观对冲等为核心投资策略，甄选多头策略阳光私募、CTA策略对冲、量化对冲等产品，提供多样化大类资产配置工具。三是私募股权产品，携手国内顶级私募股权投资机构，布局科技创新与新兴产业版图，分享新经济发展成果，打最具潜力的股权投资机会。四是现金管理产品，具有流动性好、风险低、收益稳定等特点，为客户提供堪比现金的流动性保障，满足客户短期闲置资金理财需求。五是海外投资产品，利用京东海外上市公司优势，把握全球周期性投资机会，业务覆盖境外股票、基金、债券和保险等不同类别资产，实现跨市场、跨币种的全球配置。六是另类投资产品，包括庄园、民宿、艺术品、奢侈品、钻石、顶级红酒等小众投资市场。2018年6月，京东东家财富覆盖投资者近8万名，涵盖项目103个，募集资金12.7亿元。

2. 财富管理业务发展策略

产品设计区分企业流动性需求。借鉴京东金融企业理财，设计企业金库与定期理财两类产品。以企业金库为例，0.01元起投；操作灵活、实时赎回到账；7日年化收益率为3.95%。以定期理财为例，最低1万元起投；历史本息全额兑付；7日年化收益率为4.6%—7%。

产品设计满足资金安全性要求。借鉴结构化金融产品设计思路，金融产品承担结构化金融产品优先级。实时监控结构化产品净值，严格执行止损线附近强制清仓投资策略。

（七）互联网支付业务发展规划

1. 互联网支付市场现状

互联网支付市场结构。一是规模增长迅速。2013年，移动支付开始出现；2015年，移动支付超过PC支付；2017年，移动支付规模达到117万亿元，超过PC支付4倍。二是两强格局形成。支付宝和微信支付市场份额持续攀升，2017年占有率合计达到94%。三是移动支付渗透率高。2017年中国零售业移动支付渗透率为25%，而同期美国市场仅为7%。

互联网支付监管环境。2015年开始，金融监管政策接连出台，对支付机构影响巨大。一是规范业务模式。2018年6月30日前，所有支付机构需要将清算业务切换到网联平台，支付机构不再涉及清算业务，只负责对商户和用户两端支付。二是调整收入结构。备付金实施集中存管，减少支付机构沉淀资金获取利息收入；支付账户实施分级管理，限定账户余额消费额度，交易规模明显下降。三是增加监管信息透明度。通过网联平台将清算环节纳入监管，便于人民银行全面、及时掌握支付机构信息。

业务变现能力提升。营业收入方面，一是商户端收费，随着支付机构不断拓展场景，服务商户将不断增加；二是用户端收费，随着用户零钱余额增加而增加；三是备付金利息，随着备付金存管政策实施将逐渐消失。营业成本方面，一是银行成本，随着交易规模增加而增加；二是运营费用，随着补贴推广成本增加而不断增加。

2. 经验借鉴：微信支付

2014年以前，第三方支付领域中支付宝几乎绝对垄断。微信支付诞生于2013年，而后与支付宝差距持续缩小，2017年接近支付宝交易规模。

发放微信红包，积累海量用户。由于绑定银行卡过程繁琐，大部分移动支付企业都面临着用户绑卡难题。2015年微信支付与央视春晚合作，联合外部企业推出"摇一摇"抢红包，当晚参与用户超过2000万元，红包收发规模超过10亿元。收到红包的用户提现时，就会自动触发微信绑卡。红包发放策略推动微信支付绑卡数量呈现指数级增长，积累了大量初始支付用户以及账户资金。

丰富消费场景，引导用户支付。完成用户绑卡操作和微信钱包资金积累后，丰富场景、引导用户采用微信支付成为关键。2014年7月后，腾讯公司领投了滴滴、大众点评、58到家等一系列O2O企业，并辅以流量入口和微信支付支持。对初创企业而言，缺乏精力发展支付业务，接入微信支付颇为便利；对微信支付而言，进入门槛低的高频小额支付场景，可以培育支付习惯、提升用户黏性。以滴滴打车为例，2014年1月4日，滴滴接入微信九宫格入口，当天通过微信界面下单数量超过2万次，微信支付笔数超过6000次。2014年1月10日到2月9日，微信支付累计完成滴滴订单2100万笔。经过腾讯投资"滴滴"和阿里投资"快的"打车大战事件后，微信支付获得了极高知名度。

持续产品优化，弥补资源不足。一是大力推进线下二维码支付。微信二维码早于微信支付，初期功能是扫码获取信息。

微信支付推出后，二维码功能延伸到扫码获取支付信息，并将线上支付思维应用到线下场景，逐渐演变为线下支付。扫码支付功能帮助微信支付迅速覆盖大量长尾商户，这些商户通过自行打印收款二维码，或通过线上申请获得官方二维码，快速零成本接入微信支付。相比之下，支付宝推进线下二维码支付动作略显迟缓。直到2017年，支付宝才开始针对中小商户推广收钱码。二是利用公众号提供差异化服务。微信公众号成为用户和商家沟通的重要渠道后，承载功能不断丰富。微信支付借机为商户提供接入支付、定制服务等，不仅协助用户在公众号完成交易闭环，而且协助商户运营维护公众号。相比之下，支付宝虽然也有生活号、小程序等公众平台，但用户渗透率和商户吸引力远不及微信公众号。三是产品优化持续进行。随着会员卡包、小程序等产品与功能不断上线，微信支付结合自身平台特性不断进行产品优化，并与场景深度结合打造流畅的用户体验。与此同时，支付宝因发展社交功能，反而受到用户诟病。

定位生活平台，赋能微信支付。微信定位为生活平台，以社交关系链为依托，不断推出满足不同需求模块，逐渐进化成连接人、硬件和服务的生态系统。微信定位生态系统，为拓展支付业务赋予更广阔的空间。相比之下，支付宝定位钱包功能，工具属性明显，即用户具有支付、理财等金融需求时才会打开。支付宝曾试图围绕金融补充社交、娱乐等元素，希望拓宽用户使用习惯，但实际效果不够理想。

3. 经验借鉴：京东支付

2011年，京东终止与支付宝合作。2012年10月，收购线下收单机构"网银在线"，京东金融获得第三方支付牌照，开始布局支付业务。2013年8月，终止与财付通合作；2014年3月网银钱包上线后，开始整合购物付款、消费信贷和投资理财业务。2015年4月，网银钱包和"网银+"更名为"京东钱包"

和"京东支付"。2016 年 11 月，京东金融上线"白条闪付"，切入线下银联 POS 机支付。

（1）**线上业务：强化资金体内循环，提高外部支付效率**

京东钱包：强化资金体内循环。京东钱包是京东金融支付业务的基础性产品，作为旗下产品京东小金库，整合购物支付、现金管理、投资理财等多种功能。京东小金库具有随时理财、随时支取、随时支付等特点，实现 C 端用户理财资金与消费资金之间流动性，有效保障资金体内闭环运转。

京东支付：提升外部支付效率。京东支付（原"网银+"）由京东金融旗下网银在线开发，是针对移动互联网市场推出的兼容 PC、无线端主流环境的跨平台支付产品，具有支付快捷、体验好、维度广、安全和简化标准接入等特点。

（2）**线下业务：创新线下支付和融资产品**

加快布局线下消费场景。京东支付线下布局重点是餐饮企业和商店超市。目前京东钱包布局线下商铺，包括王府井百货、汉堡王、金凤成祥、味千拉面和巴黎贝甜等。

融合线上融资与线下支付。白条闪付是京东金融与商业银行合作推出的联名电子账户，将账户捆绑于 Apple Pay、华为 Pay、小米 Pay 等手机支付工具，能够实现银联闪付 POS 机支付。白条闪付有效连接线上和线下消费场景，有助于京东金融借助商业银行渠道，拓宽线下支付业务和增强客户黏性。

4. 互联网支付业务发展策略

扩大支付场景。具体举措包括以下五个。一是强化本支付工具作为集团公司薪酬福利发放途径，增强内部员工吸引力。二是要求与集团公司签署战略合作机构使用本支付工具支付，并为其提供更多支付场景。三是增加本支付工具生活社交功能，吸引更多外部用户。四是联合中央企业探索多表合一，将生活缴费纳入本支付工具。五是借鉴白条闪付，联合银行推出联名电子账户，实现银联闪付 POS 机上支付。

（八）互联网征信业务发展规划

1. 互联网征信市场现状

商业征信市场格局。一是信用评级机构，主要应用于债券市场和信贷市场。2012 年共有 70 多家评级机构，其中 8 家获准从事债券市场评级业务，其余从事信贷市场评级业务。二是社会征信机构，主要从事企业征信业务，较少涉及个人征信。例如，鹏元征信主要从事个人征信、企业征信、企业评分、个人评分和中小企业信用风险控制等业务，每年提供各类信用报告超过 7000 多万份，主要用户包括政府、银行、小额贷款公司、公用事业单位、电商平台等机构。又如，新华信主要提供商业信息咨询、市场研究咨询和数据库营销服务，数据库收录了 2000 万家机构基本信息和 60 万家企业财务及信用信息。三是 P2P 行业征信。例如，网络金融征信系统主要收集整理 P2P 平台借贷两端客户个人基本信息、贷款申请信息、贷款开立信息、贷款还款信息和特殊交易信息，通过信息共享帮助 P2P 平台机构全面了解授信对象，防范借款人恶意欺诈、过度负债等信用风险。又如，小额信贷征信服务平台推出包括信用信息共享、反欺诈、风险预警监测、个人消费能力分析、个人及关联企业信息分析在内多种风险管理相关产品，帮助会员机构共享借款人借贷信息、实时掌握借款人在各类民间信贷机构间的信贷交易信息，防范借款人可能存在多头借贷、恶意拖欠、骗贷等风险。

互联网征信市场空间。企业征信方面，参照美国企业征信规模占 GDP 比例十万分之八标准，招商证券估算，2014 年中国企业征信潜在市场规模 60 亿元；随着征信市场化改革深入推进，未来企业征信市场规模将超过 100 亿元。个人征信方面，招商证券预测，2025 年国内个人征信业务收入将达到 342 亿元，其中个人住房按揭贷款业务征信收入为 17 亿元，信用卡发卡征信业务收入为 71.75 亿元，个人经营性贷款、汽车消费贷款、耐用品消费贷款业务征信收入为 22.19 亿元，P2P 贷款相关征信业务收入为 59.9 亿元，信用衍生品服务收入为 170.9 亿元；长期征信业务收入将达到 675 亿元，相当于美国征信市场的 1.16 倍。

2. 经验借鉴：美国企业征信龙头 D&B

D&B 是商业信息服务龙头机构。Dun & Bradstreet 成立于 1841 年，时为纽约第一家征信事务所。目前主要向客户提供风险管理和市场营销等领域解决方案，产品和服务包括各类商业信息报告、合规服务、供应链管理等。2014 年公司营业收入为 16.8 亿美元，同比增长 1.61%；净利润为 2.9 亿美元，同比增长 13.89%；毛利率和净利率分别为 66.85% 和 17.71%。

核心竞争力是全球商业数据库。D&B 全球商业数据库是世界上最大的企业信用数据库，覆盖企业逾 2.4 亿家。19 世纪后期，D&B 开始在澳大利亚、墨西哥等国设立分支机构。D&B 公司数据来源广泛，包括当地商事登记部门、黄页、报纸和出版物、官方公报、互联网、银行和法庭，还通过拜访和访谈形式收集信息。

D&B 商业模式分析。一是风险管理业务是主要收入来源。2014 年风险管理和销售市场拓展业务分别贡献公司营业收入的 62.7% 和 37.3%。其中风险管理业务主要是信用评估等，销售市场拓展主要是基于征信系统开展衍生和增值业务。二是全球化布局但深耕北美市场。2014 年北美、亚太和欧洲及其他地区收入占比分别为 74%、11% 和 15%。三是高毛利率和低净利率状态稳定。高毛利率主要是源于征信业务的规模经济效应，而低净利率则是数据库维护费用较高所致。

3. 经验借鉴：财税征信典范航天信息

设立爱信诺征信，进军企业征信市场。2015年5月，航天信息斥资1亿元筹备爱信诺征信公司；7月10日，爱信诺征信平台原型系统上线试运行；11月2日，爱信诺征信公司成立，以互联网线上模式、O2O主动式采集、数据源广谱为特色。爱信诺拥有基于发票信息的企业征信平台"融信"，及财税、融资理财综合服务平台"微税"，试运行期间营业收入破亿元。

数据源卡位优势明显，企业客户变现加速。背靠航天信息，爱信诺拥有超过1000万家企业用户档案数据、动态交易和服务数据，同时汇集工商、税务、司法、金融、舆情等多维广谱数据，信息来源非常丰富。爱信诺拥有遍布全国的分支机构，具备48小时内入户调查能力，主动全面采集企业信用信息，确保信用信息真实性和准确性。

提供多元化征信服务。充分利用税务信息数据、企业业务数据和商务平台数据，爱信诺提供信用服务涵盖企业信用评级、企业信用报告、同业合作和数据应用服务等，满足不同类型市场主体征信需求。

4. 互联网征信业务发展策略

夯实征信产品数据分析基础。一是打破数据孤岛。采集集团企业用户档案数据、动态交易与服务数据，联合四大国有银行金融数据，结合政府公开数据，为用电企业征信服务提供坚实基础。二是强化数据分析能力。择机收购数据分析企业，引入大数据技术构建企业信用评估模型，形成不同层次征信报告。

拓宽征信产品应用场景变现。一是基于固定样本电力消费数据，构建宏观经济运行指数、地区经济景气指数、行业景气指数，服务政府科学决策。二是基于家庭用电数据，测算房地产空置率，精准服务各级政府房地产调控。三是基于企业电力消费数据,构建财务风险指数,服务集团公司金融风控需求,以及贷款商业银行和供应链上下游企业风险评估。四是基于行业电力消费数据,分析制造业细分行业发展趋势,为券商和基金机构定制研究报告。

(九) 规划保障措施

积极争取集团支持。一是积极争取金融牌照。非核心金融牌照方面,尽快获取商业保理、保险经纪、小额贷款、第三方支付,接入人民银行征信系统资质。核心金融牌照方面,谋划申请互联网银行、互联网保险、互联网消费金融等牌照。二是支持公司业务发展。集团内部业务方面,要求集团公司及旗下企业招投标、电商化采购均通过电商平台完成操作;出台优惠措施引导内部员工通过网上商城交易。中央企业业务方面,强化中央企业电商联盟秘书处功能,打通中央企业电商平台,实现消费积分相互认可机制。金融企业业务,参照招联消费金融模式,争取集团公司出面联合大型金融机构申请消费金融公司。三是择项提供资金支持。设立创新项目基金,额度借鉴招商银行,按照上年度税前利润的1%提取专项资金。补充研发经费,额度借鉴平安集团,将上年度传统金融业务净利润的10%作为研发经费。

大力弘扬创新文化。一是营造创新文化体系。金融科技企业文化是鼓励创新、容忍失败,是全员创新、团队协作,是持续学习、积极转化。一方面,努力营造创新文化,将创新精神渗透至企业"毛细血管",为创新项目起意、培育和市场化提供全方位支持。另一方面,以项目创新为指挥棒,引导员工创新,激励员工创新。二是鼓励青年员工创新。成立党委领导下的青年创新小组,及时向公司党委会或董事会汇报青年创新难题,获得反馈后迅速实施。强化创新创业培训,尤其是邀请电商企业、金融科技企业交流产品创新经验，培养青年员工创新意识和能力，进而提高创新项目孵化成功率。打造青年创新创意服务平台，引流外部创客和优质项目进入。三是考核服务企业价值。创新是不断循环"技术开发—产品创新—市场反馈—技术创新"过程，实现企业价值增加。一方面，创新评估需要市场化。不能严格按照既定方向和目标执行，而需要参考创新结果市场化评价。另一方面，定期评估并调整创新状态，持续改进。

改革人才管理制度。一是内部人力资源市场化。对空缺或新增岗位通过"公开招聘、竞争上岗"补充，解决管理、技术岗位人员需求。员工调配坚持"调整结构、优化配置"。借用人员到相应岗位工作，经过考察合格可以办理调入。员工退出坚持"以人为本、依法合规；程序规范、公开公正"。二是核心人才期权激励。核心人才包括，未来发展亟需技术、产品、运营、销售、管理类中高端人才，以及主持或参与公司重大商业模式创新、技术研发、运营管理、市场开拓等项目，并取得突出业绩的员工。实施核心人才薪酬期权激励机制，推动员工薪酬与公司目标相一致，推动公司发展与员工发展共赢。

金融风险防范。实施全程监管。一是严把准入关。坚持审慎发展原则，从经济实力、管理能力和经营稳健性等方面为新业态设置准入条件。强制要求金融科技产品事业部定期披露财务报告和投资交易数据。定期评估不同金融科技业态经营情况，根据经营情况选择退出。二是规范投资交易。防范资金过度支持低效实体企业，损害投资者利益。严格遵循公允价格原则，规范供应链企业金融授信、担保等行为。三是筑牢风险篱笆。建立资本约束机制，确保业务扩张与资本规模匹配。整体考察系统重要性客户加权金融风险，采取与风险限额相应分散措施。减少岗位交叉任职，尤其是集团内部实体和金融产业交叉任职人员。

五 资本运作视角下的企业金融规划
——以资本族系 D 资本证券化规划为例

资本族系 D 成立以来，按照专业化、多元化和国际化发展部署，不断创造性地运用资本市场投融资功能，进行专业化提升、多元化扩张和国际化筑梦，迅速成长为世界级企业。随着资本市场供给侧改革深入推进，具有竞争力的国内企业集团应该充分进行境内外资本市场运作，加快实施全球并购重组。加强对资本市场发展趋势研究，借鉴优秀企业资本证券化运作经验，充分挖掘市场机会，改善治理结构，优化市值管理，为企业价值持续性增长提供更优的路径选择。

本章以资本族系 D 资本证券化规划为例，拟从资本运作视角解析企业金融规划的方法论和实践。具体逻辑结构如下。

首先，分析资本市场发展趋势。简要阐述中国资本市场发展成就和问题，进而分析了资本市场改革方向和机遇。其次，聚焦于企业集团层面的资本证券化经验，剖析中信集团母子公司股权互换实现整体上市和复星集团境内外资产重组实现整体上市两个案例，以资借鉴。再次，提炼资本族系 D 资本运作的历史经验，包括跨越发展的资本运作之路、率性顺生的资本运作之道、灵活择优的资本运作之术。复次，明晰资本族系 D 资本运作的现实起点。重点从财务风险和资本证券化运作两个维度，指出资本族系 D 国际化并购需要予以关切的问题。最后，提出了资本族系 D 资本运作的应对之策。

(一) 资本市场的趋势展望

1. 资本市场发展成就

多层次资本市场建设成效显著。一是市场规模不断扩大。股票市场方面，2015年中国上市公司流通市值突破10万亿美元，超过日本两倍。债券市场方面，2015年国内债券托管量为47.9万亿元，位居全球第三。二是市场体系不断完善。多层次股权市场，包括主板、中小板、创业板、新三板和区域股权交易中心和PE市场等。多层次债券市场，包括银行间市场、交易所市场和商业银行柜台市场等，拥有国债、地方政府债、政策性银行债、企业债、公司债、短期融资券、中期票据、资产支持证券等产品。多层次期货市场，包括上海、大连、郑州商品期货市场和中国金融期货交易所，拥有国债期货、股指期货等金融衍生品。三是资产证券化井喷。银行信贷抵押债券（CLO）方面，2016年全国发行3300亿元，涉及产品96只。企业资产支持证券（ABS）方面，2016年全国发行4355亿元，共计发行359单。四是运行制度不断完善。市场建设方面，国债收益率曲线正在完善，股票发行注册制逐步推进，债券融资工具不断创新。市场开放方面，合格境外机构投资者（QFII）、沪港通、点心债、熊猫债等打通了国际国内资本市场。投资者保护方面，加强上市公司信息披露，强制上市公司年度分红，支持保险等长期资金进入股市。监管政策方面，从兼顾市场规范和促进发展的双重责任全面转向以全面规范为主，市场纪律不断强化。

全方位资本市场完善任重道远。一是直接融资比例有待增加。从货币化率上看，2015年中国M2/GDP为2.06，同期美国仅为0.69。从融资结构看，2015年股票融资占社会融资总量比例少于5%。从国际比较看，2012年中国证券化融资比例为42%，低于同期美国87%、德国74%的比例。二是市场参与者成熟度不高。从上市公司上看，经营业绩连年下滑，财务造假屡见不鲜，个别企业甚至连年造假粉饰。从中介机构上看，证券公司、律师事务所、会计师事务所协助上市企业造假现象屡见不鲜。从投资者上看，散户为主的投资者结构导致市场过度投机，机构投资者未能发挥稳定市场功能。三是股市难进难出问题突出。准入方面，上市核准制市场化水平较低，新股发行进度和价格受到行政管控约束；退出方面，出清机制不完善，且执行效果差。2011—2015年间，中国上市公司年均退市率约0.4%，而同期纽约交易所退市率达到6%。四是境外企业来华上市艰难。欧美成熟交易所聚集全球大量优秀企业，获取企业高成长带来的投资回报。中国资本市场中，酝酿多年的国际板终因各种缘由未能推出。

2. 资本市场改革方向

纵深推进市场化改革，提升运行效率。一是解决好市场进出难题。股票发行准入方面，大力推进注册制改革。实施股票发行注册制不仅显著降低交易成本，还能提升上市公司价值，为市场参与主体创造出多赢局面。退市制度建设方面，严格强化市场纪律约束。严格执行资本市场退出制度，才能增加上市公司活力，恢复投融资功能。可以预期的是，完善准入和退出机制能够提升上市公司质量，维护资本族系D旗下上市公司的估值稳定。二是加强新三板市场建设。分层管理制度落地后，新三板市场在流动性、融资功能和监管制度等方面都得到显著改善，从而改进市场估值体系，增强对优质企业的吸引力，也为挂牌企业登陆交易所市场创造条件。可以预期的是，新三板市场作为投资价值洼地，为资本族系D旗下挂牌企业对接资本市场提供良好的前景。三是发展资产证券化市场。推进信贷资产证券化，不仅能缓释长期挤压的银行不良贷款风险，而且能加快金融资产有效流动，还能缓解当前社会融资失衡。目前资产证券化产品存量占债券市场托管规模比例不到1%，而成熟资本市场如美国，这一比例高达25%。可以预期的是，资产证券化将会迎来蓬勃发展，为资本族系D并购扩张提供源源不断的现金流。四是加快组建产业发展基金。产业发展基金在推动重点产业发展、发挥财政资金带动效应，以及促进企业创业成长等方面作用显著。中央财政层面，已经设立全国中小企业发展基金等9只基金。地方政府层面，已经设立680只政府引导基金，覆盖天使投资、创业投资、产业投资不同阶段。可以预期的是，产业基金将会全方位出现，为E集团维持资金平衡提供更多便利工具。

妥善推进市场化创新，缓解融资难题。一是规范互联网金融发展。监管机构积极平衡金融创新与监管规范，为新的技术应用、新的融资机制和新的融资产品发展开辟了较为灵活的空间。一些大型企业集团通过控股P2P平台为旗下中小企业融资，既降低了企业实际融资成本，又为投资者提供更高的理财收益。可以预期的是，随着互联网金融市场规范发展，资本族系D旗下互联网金融企业将会获得更多的资金来源。二是试点投贷联动机制。目前投贷联动机制较为灵活，大致包括"小股权+大债权"联动，中小银行与风险投资机构（VC）、私募股权投资机构（PE）等合作投贷，认股期权贷款等模式，以及联合创投机构设立产业基金等。可以预期的是，投贷联动会得到更多商业推广，将为资本族系D旗下生态科技企业发展提供更多的创业融资机会。三是鼓励融资产品创新。当前债券市场利率水平较低，允许企业发行永续债可以锁定长期低利率，有助于企业优化财务报表和化解债务违约风险。可以预期的是，永续债有望成为资本市场重要产品，为资本族系D改善资本结构、降低资金成本提供新的融资工具。

加快金融法治化建设，保障主体权益。一是完善资本市场的法律规范体系。投资者权益保护方面，设立诉调、仲调、信调等三步对接机制。民事权利救济方面，设立首次公开发行（IPO）欺诈发行保荐人先行赔付制度，为投资者寻求民事补偿增添渠道。推进注册制方面，国务院获得全国人大授权调整适用现行《证券法》关于股票核准制规定，对注册制改革具体制度做出专门安排。可以预期的是，完善资本市场法律法规体系，可以为资本族系 D 及其旗下企业完善公司治理结构、维护股东价值提供法律屏障。二是推行负面清单监管改革。负面清单监管模式下，金融监管权力行使将更加公开透明，市场与企业预期不确定性将会减少。可以预期的是，负面清单管理模式有助于资本族系 D 释放创新活力、营造相对宽松稳定的市场预期。

加速市场双向开放，服务金融国际化。一是双向开放力度不断加大。目前已经推出合格境外机构投资者（QFII）、人民币合格境外机构投资者（RQFII）、沪港通、内地与香港基金互认、期货保税交割试点，以及在境外发行人民币债券、境外合格机构发行熊猫债等政策；正在研究推出深港通、沪伦通，加快与国际资本市场接轨。可以预期的是，加快资本市场开放，将会为资本族系 D 在全球范围内优化资本结构创造更大空间。二是主动促进国际金融调整。一方面，敦促世界银行、国际货币基金组织加快改革治理结构。另一方面，牵头组建金砖国家开发银行、亚洲基础设施投资银行、丝路基金等国际金融组织，及时推进人民币国际化。可以预期的是，国家"走出去"金融支持力度将会增加，为资本族系 D 及旗下企业扩展境外市场提供更多的资金支持。

（二）资本运作的经验借鉴

并购重组成为微观经济转型的主要选项。一方面，传统制造业经营不佳、增长乏力，急需通过并购重组进行产业升级和转型；另一方面，随着技术进步，新兴产业估值上升并深受资本市场青睐，成为融资并购的重要标的。政策层面，《国务院关于促进企业兼并重组的意见》《关于进一步优化企业并购重组市场环境的若干意见》相继颁布，为企业兼并重组优化环境、扫清障碍。实践层面，国内重组市场日趋活跃，跨国并购渐成热潮。破解优秀企业并购重组和资本运作经验，不啻为资本族系D发展的"他山之石"。

1. 中信集团：母子公司股权互换实现整体上市

中信集团具有母公司为国有独资、子公司为上市企业的结构，是中央企业股份制改革主流模式。中信集团为提高整体证券化率，更好打通境内外市场提升跨境资本运作能力，决定在香港交易所整体上市。中信集团整体上市交易对具有类似架构的企业集团具有借鉴意义。

（1）交易方基本情况

交易前的中信泰富。中信泰富（0267.HK）1985年成立于香港，1986年在联交所上市。2013年中信泰富资产总额为2678亿港元，营业收入为880.41亿港元。中信泰富旗下业务板块包括特钢、铁矿开采、地产、商贸、基础设施建设和信息服务等。交易前，中信集团合计持有中信泰富57.5%的股权。

交易前的中信集团。中信集团于2011年完成整体国有化改制，同时联合北京中信企业管理公司设立中信股份有限公司。2013年中信集团资产总额为3.97万亿元，营业收入为2518亿元。中信集团旗下业务遍及全球，覆盖金融、房地产、基础设施建设、资源能源、制造业等领域。

交易后的中信股份。2011年中信集团将其全资持有的子公司中信股份全部股权整体注入中信泰富，实现境外整体上市。公司规模方面，交易完成后，中信泰富更名为中信股份，总股本扩大6倍，经常性盈利扩大10倍，资产规模扩大20倍；公司业务方面，上市公司保留房地产、能源资源和特钢业务，新增金融、工程承包业务，整体业务实力得到提升；股权结构方面，中信集团持有新的中信股份77.90%的股权，新引入投资者持股15.87%，原有公众股比例从42%摊薄到6.23%，此次交易还引入淡马锡等27家国际战略投资者，公司治理更加多元化和全球化；财务业绩方面，上市公司每股收益由1.51港元提升到1.94港元，净资产收益率由6.3%增加至13%。

（2）**交易操作方案**

第一步操作：内部划转股权。中信股份以零对价将当前持有中信泰富57.51%的股权内部划转给中信集团旗下的境外特殊目的公司，改善"新中信"财务表现，提升本次交易的市场吸引力。

第二步操作：整体注入股权。中信集团将其持有中信股份100%股权整体注入中信泰富。作为交易对价，中信泰富向中信集团发行165.8亿股，并支付现金499.8亿元。其中，现金部分由中信泰富向全国社保基金、国家外汇局、中国人寿、中国烟草、四大银行等11家国内机构，腾讯、泛海国际、雅戈尔等3家民营企业，以及淡马锡、卡塔尔投资局、友邦保险等13家境外机构等配售募集。

（3）**重组经验借鉴**

解决旗下企业分割上市弊端。目前中央企业治理结构是母公司为国有独资、下属业务单位分别上市，难以适应市场竞争要求。对于母公司而言，除了利润滚存之外，缺乏其他权益资本补充机制。对于其旗下上市企业而言，可以不断借助资本市场增加资本金。如果母公司不能筹集资金参与上市公司增资扩股，就会形成现实冲突：要么母公司中央企业持有旗下上市公司股权被不断摊薄，要么限制旗下上市公司融资。中信集团整体上市交易方案对于破解这一冲突具有借鉴意义。

创新交易结构和技术方案。主要交易创新点包括：分"两步走"实现境内外"母子公司身份互换"，零对价划转中信泰富股权，整体注入中信股份全部股权。保留境内公司中信股份法律主体，为全面突破外资产业政策创造条件。搭建境内外两个资本运作平台，提升中信跨境资本运作能力。交易对价现金部分由配售股票募集资金获得。

尝试政策突破及监管豁免。中信集团业务种类复杂，旗下上市公司分布不同资本市场，交易获准涉及境内外多家监管部门。此次反向收购突破诸多政策限制：一是中信集团成为首家全方位突破外资产业政策限制的境内企业。二是成为首家没有被港交所视为反向收购的"蛇吞象"并购项目。三是成为港交所首次豁免将公众持股比例从25%降低到15%的上市公司。

市场创新的配售融资安排。本次交易配售融资规模较大、交易风险较高，叠加境外媒体机构高调唱空，一度引发股价大幅波动。本次股票配售进行了诸多创新。一是首次通过"多次、分批"配售安排逐步锁定投资者，缓解配售压力。二是摒弃交易结束前闪电配售市场惯例，选择尚未获得上市公司股东授权和境内外监管审批前，锚定十五家投资者配售融资395亿港元，达到配售必须满足的最低公众股比例要求。三是打破"一次发行、一次定价"配售定价惯例，以股东大会为分界点，设定两种不同定价基准。

2. 复星集团：境内外资产重组实现整体上市

复星集团由广信科技和复星高新联合成立于1994年，产业布局包括钢铁行业的南钢联、房地产行业的复地集团、医药行业的复星医药、零售行业的豫园商城，以及金融行业的产业投资等。近年来，复星集团频繁进行并购扩张，运作方式独特，对资本系集团资本运作具有重要借鉴价值。

（1）重组交易过程

复星集团境内重组。境内重组目的是通过出售非核心业务所有权，换取核心业务企业控制权的提升。非核心业务出售方面，2004年9月，复星集团以9380万元向广信科技和复星高新转让全部所持兴业投资90%的股权。金融行业投资方面，2005年3月，广信科技以1.8亿元向复星集团转让所持产业投资9%的股权，转让后，复星集团持股比例从90%增加到99%。2006年5月，广信科技以2740万元向复星集团转让所持产业投资剩余1%的股权，转让后，复星集团持股比例从99%增加到100%。医药行业投资方面，2005年4月，广信科技、上海西大堂科技和上海英富以5770万元向复星集团转让全部所持复星医药股权，转让后，复星集团持股比例从53.9%增加到56.5%。房地产行业投资方面，2005年6月，广信科技、复星高新以24.6亿元向复星集团转让全部所持复地集团股权。2005年3月，复地集团在港股市场配售1.47亿股。上述操作完成后，复星集团持股比例增加到50.6%，复星医药持股比例增加到11.4%。2006年4月，复地集团再次通过港股市场配售1.76亿股。上述发售完成后，复星集团持股比例减少到47.1%，复星医药持股比例减少到10.6%。钢铁行业投资方面，2005年7月，广信科技以2.75亿元向工业发展转让所持南钢联10%的股权，转让后，复星集团持有南钢联股权比例从50%增加到60%。

复星集团境外重组。境外重组目的是通过设立海外公司来收购国内公司股权，实现"红筹架构"。复星境外重组经历三个阶段：一是设置海外股权构架。2004年9月，郭广昌等人在英属维京群岛设立复星国际控股。2004年12月，广信科技和复星高新在香港设立复星国际。2005年2月，复星国际在香港成立独资企业复星控股。二是股权交易。2005年1月，上海市批准复星国际以10亿元现金认购复星集团全部股权，并将复星集团变更为外商独资企业。2005年5月，复星国际控股（BVI）以港币1元购入复星国际所持复星控股全部股权。2005年8月，复星控股以港币1亿元认购广信科技和复星高新所持复星国际全部股权。三是整体上市。经过一系列重组操作,复星系核心资产如数装入复星集团,其他业务剥离给广信科技和复星高新。2007年复星国际(0656. HK)登陆港交所,实现整体上市目标。

内部资本市场运作。复星集团通过内部股权交易、内部资金支持和内部相互担保,提高资本配置效率和企业价值。内部股权交易方面,2007年11月,复星医药将所持友谊复星48%的股权以6.9亿元转让给豫园商城,交易溢价率高达106.6%。内部资金支持方面,2006—2013年期间,复星医药与豫园商城资金被占用额大于占用额,说明对复星系内企业提供资金支持。南钢股份连续两年亏损,且资金占用金额大于被占用额,说明依靠复星系内企业提供资金支持。内部关联担保方面,2010—2013年期间,复星医药对关联企业提供担保发生额分别为17.4亿元、20.1亿元、12.9亿元和4.4亿元,南钢股份对关联企业提供担保发生额分别为1.7亿元、32.2亿元、32.6亿元和29.3亿元,复星系内企业相互担保较为明显。

(2) **重组经验及启示**

通过内部资产重组,稳固集团对核心业务控制权。复星集团通过内部资产重组,以较低成本提升了集团对医药、房地产、产业投资和钢铁等核心业务控制权,并将非核心业务所有权转移给母公司广信科技和复星高新。

并购和融资良性互动循环,增强综合融资能力。复星集团通过投资并购,直接或间接控制融资能力较强的上市企业。通过并购与融资形成关系复杂、层次丰富的组织结构,构造出畅通的融资链条,增强集团综合融资能力。

设置海外红筹架构,返程收购境内企业股权。复星系在英属维京群岛设立复星国际控股,以及在香港设立复星国际和复星控股,利用复星国际收购复星集团股权,巧妙操作实现境内资产的境外股权上市。

以上市公司为纽带,进行内部资本市场运作。复星集团以上市公司为关键纽带，通过内部股权交易、内部资金支持、内部相互担保等高效配置和共同投资等方式运作内部资本市场，提高集团资本配置效率和旗下企业价值。

（三）资本运作的历史经验

自诞生之时起，资本族系 D 就运用资本市场迅速壮大实力，通过实施并购重组等资本运作方式实现战略蜕变，跨越专业化、多元化和国际化的发展阶段。2008—2015 年期间，资本族系 D 资产从 317 亿元增加到 4687 亿元，年均复合增长率达到 46.9%。2015 年资本族系 D 及旗下子公司实际控制 8 家 A 股上市公司、16 家新三板企业、2 家港股上市公司和 1 家美国上市公司。

1. 跨越发展的资本运作之路

资本运作的专业化。深耕主营业务，从地方性企业向全国性企业转型。紧抓资本市场机遇，资本族系 D 以"融资—并购—再融资—再并购"循环操作，实施横向并购触及货运、公务机等细分业务，将运营规模迅速提升到行业第四；实施纵向并购向航空维修、航空培训等上下游业态延伸，构筑了完整产业链。

资本运作的多元化。多元化拓展，从单一业务向综合服务运营商转型。资本族系 D 将资本运作经验与产业体系相结合，打造产业金融服务体系，探索出旅运金融服务体系、物流金融服务体系、科技金融服务体系、基础设施金融服务体系等。同时发挥产业协同优势，建立产业金融协同服务体系，完善内部交易机制。

资本运作的国际化。以香港为桥头堡，从国内企业向世界级企业转型。设立香港国际总部，资本族系 D 旗下产业板块分头出击并购在港企业,并借此登陆香港资本市场,打通香港和内地资金池。进一步提升国际化元素,构建更多境内外资本市场通道,将主要产业板块拓展至五大洲,并购相关领域国际知名企业,登陆欧美资本市场,实时考虑回归国内资本市场。

2. 率性顺生的资本运作之道

乘势顺时,把握历史性良机。"虽有智慧,不如乘势;虽有镃基,不如待时。"资本族系 D 运用资本市场实现跨越发展的历程,充分展现了其对外部环境能够乘势顺时、把握良机的经营能力。一方面,利用国际金融危机导致世界经济不景气、全球货币宽松和海外资产价格下跌的良机,资本族系 D 围绕航空产业链,积极践行"走出去"战略,在海外市场进行逆周期投资扩张。另一方面,积极落实国家"一带一路"倡议和自由贸易试验区等重大战略,对接政府获得优惠政策及资金支持,实现与地方经济的双赢发展。从诸多并购投资案例上看,资本族系 D 决策经营团队善于把握大趋势,及时调整投资节奏。例如,2012 年国内经济增速下滑,实体企业亏损严重,并购溢价难以保障,对举债并购模式构成挑战,资本族系 D 及时大幅收缩并购业务,放缓扩张步伐,度过关键阶段。又如,2014 年资本族系 D 及时利用资本市场的牛市缝隙,扩大融资规模来支持并购战略。

三化发展,战略实践科学合理。在激烈市场竞争变化中,资本族系 D 前期按照专业化路径,坚持深耕航空主营业务板块,适时辅以金融发展,再通过多元化分散单一业务风险,延伸产业链,发挥产业协同效应。而后抓住国际金融危机带来的历史性良机,在国内奠定的专业化、多元化基础上向国际化挺进,从全球范围更加合理地配置资源,最大限度地发掘规模经济和范围经济效应,获得资本市场高度认可与支持,保障了未来继续扩张所需的资金来源。例如,2003 年收购周期性弱、现金流稳定的零售类企业，为资本族系 D 发挥现金流平衡器作用。此外，收购品牌酒店与航空业务形成显著的互补效应，两者可以共享营销体系，实行捆绑式销售和互补产品交叉补贴。

统分有度，相互激励协进。一是资本族系 D 具有相当复杂的金字塔式控股结构，产业板块控制的上市公司之间基本独立运作，通过多地化上市平台、多元化产业发展，在资本市场形成了较好的品牌声誉。二是资本族系 D 财务公司统一协调，保证资产负债期限与结构的匹配平衡，避免了资金链断裂，而且降低财务成本，提高自有资金使用效率。三是财务管理体系健康可持续，能够客观理性审视各种并购业务，防止业务部门"打造各自商业帝国"而进行盲目并购。四是加强金融业态布局，通过融资租赁、证券、信托、保险、期货、融资担保、互联网金融等产融结合，为继续并购发展和产融一体化提供稳定的资金保障。

3. 灵活择优的资本运作之术

产业并购与金融并购并举。资本族系 D 利用"三化"过程中积累的产业基础与经验，广泛开展航空上下游相关产业链和多元化并购。一是开启"并购—融资—再并购"模式，通过规模扩张保障集团发展稳定，将经营风险平均分摊。二是金融并购特征明显。通过并购获取新的资产，再将新的资产进行质押融资获取更多的并购资金。资本族系 D 通过股权收购成为上市公司控制人，而后注入旗下相关实体资产来提高上市公司持股比例，为公司负债扩张提供更大的回旋空间。三是利用上市公司市场化的估值溢价，通过资本市场实现公司资产价值增值，获取更广阔的扩张和融资腾转空间。

资产重组保障并购溢价。并购重组并不意味着能够成功盘活标的企业，只有将并购进来的资产进行合理调整，实现最优化配置才能提升企业综合实力。最典型的是，通过资产换置来实现业务整合。例如，资本族系 D 曾将所持六家子公司的股权向宝商集团置换宝鸡商业全部股权，之后将得到的宝鸡商业全部股权转售给民生百货，此举依靠出售非优质资产换取零售业优质资产股权。

定向增发，增资不失控制权。通过并购可能产生业绩改善的项目，向资本市场传递估值上升的积极信号，特别是利用牛市时间窗口进行定向增发融资，向包括大股东在内的特定对象募集大量资金，既为旗下上市企业降低了杠杆率，也使得大股东债务融资转化为资本投资。近几年，资本族系 D 旗下多家上市公司通过数轮定向增发从资本市场募集资金超过 300 亿元，显著降低企业杠杆率，为后续扩张增加负债空间。

新三板挂牌，加紧布局价值洼地。新三板挂牌门槛低、时间短，数量不受限制。资本族系 D 旗下企业通过新三板市场挂牌顺利登陆资本市场，实施定向增发融资。目前资本族系 D 旗下金融、航空服务、物流、生态科技板块都已布局新三板市场，金融板块企业更是将新三板当作首选资本运作平台。随着市场制度不断完善，挂牌企业有望通过转板机制升板到交易所市场上市。

资金链互补，保障资本运作畅通。资本族系 D 内部企业通过关联交易、互相认购，发挥品牌协同。定向增发过程中，资本族系 D 及旗下上市公司，以及子公司通过互相担保、互相认购，实现信贷资源放大效应。资本族系 D 也通过与旗下上市公司进行关联交易获得溢价，做大集团整体资产规模，再通过融资及关联担保等方式获得并购扩张所需资金。

股权质押融资，深挖杠杆价值。资本族系 D 旗下上市公司股权普遍存在质押情况。从银行、券商和信托公司处大量融资，既满足大规模并购投资的资金需求，又可深挖财务杠杆价值。

增加债券融资，调整财务结构。当前货币宽松环境下，社会资金普遍追逐具有收益稳定的资产。虽然债券市场违约事件开始出现，但债券市场价格仍然飙升。资本族系 D 及旗下上市公司都在紧抓时机发行债券，降低资金成本，调整优化财务结构。

打造一流的互联网金融服务品牌。互联网技术催生了中国 P2P 网贷和第三方支付的快速发展。资本族系 D 旗下网贷平台注册用户超过 800 万人，累计投资额超过 300 亿元。一方面，为社会大众投资者提供良好的财富增值机会；另一方面，为集团内部企业提供便利融资渠道。

杠杆动态可控，加强市值管理。集团层面对财务杠杆采取"高—低—高"动态控制，平衡好战略性投资扩张的资金需求和资金链的持续安全。例如，资本族系 D 旗下租赁公司债务压力较大，通过定向增发实现再融资后，公司净资产由 120 亿元增长到近 300 亿元，资产负债率由 81% 下降到 65%。集团通过加强内部资源整合来调整财务结构和降低融资成本，有助于改善市值管理。

（四）资本运作的现实起点

资本族系 D 通过大规模、高密度的资本证券化运作谋求多元化、国际化，创造了诸多令人瞩目的辉煌成就，但也存在一些需要引起高度重视的风险问题。

1. 资产负债结构错配

资产负债表快速扩张，流动性风险需要关注。一是集团资产扩张速度明显不及负债。2008—2015 年期间，资本族系 D 总资产规模从 317 亿元扩张到 4687 亿元，年均复合增长率达到 46.9%；总负债规模则从 214 亿元增加到 3537 亿元，年均复合增长率达到 49.3%。资本族系 D 资产扩张主要借助负债并购来实现，负债率攀升将增加继续债务融资成本和资金链断裂风险。

2012—2015年期间，资本族系D资产负债率分别高达78.8%、78.6%、77.3%和75.5%，均超过银行信贷控制红线。二是集团负债以非流动负债为主。债券募集说明书披露，2014年资本族系D非流动负债合计1524亿元，占总负债比为例为61.1%；流动负债合计971.1亿元，占总负债比例为38.9%。资本族系D通过银行借款方式连续增加非流动负债，用于购置资产、并购企业和补充长期运营资金。2012—2014年期间，资本族系D应付债券规模分别为88.8亿元、160.5亿元和216.7亿元，占当年负债总额比例分别为5.3%、7.7%和8.7%。三是集团旗下上市公司流动负债比例较高。有别于集团债务结构，旗下上市公司更偏向流动负债融资。例如，旗下多家上市企业流动负债占总负债比例多年超过80%。短期负债比例攀升，叠加"借短投长"期限错配问题，增加了维持资金链正常运转压力。流动负债比例过高的上市公司应该审慎评估资产—负债期限错配风险和营运现金流偿付到期的债务风险。

现金流缺口需要弥补，提高债权融资比例。一是集团存在明显现金流缺口。2012—2014年期间，资本族系D经营性现金流为净流入状态，分别为145.88亿元、92.06亿元和112.93亿元；投资性现金流净额为负值，分别为-319.66亿元、-316.23亿元和-282.51亿元；筹资性活动现金流净额分别为166.09亿元、317.01亿元和366.74亿元。投资活动资金流出明显超过经营活动现金流入，主要筹资渠道包括银行借款、发行债券，以及吸引外部战略投资等，主要资金投向房地产在建项目、购入飞机等固定资产以及机场改扩建等。二是旗下上市公司现金流状况有所差异。2013—2015年，旗下上市公司E1、E2和E3经营性现金流水平较高且稳定。2013—2014年期间，旗下上市公司E4和E5销售产生现金流较高且相对稳定，但两者在2015年均明显下降。其中，旗下上市公司E5经营性现金流、投资性现金流和筹资性现金流均为负值。三是直接债券融资明显不足。2015年资本族系D旗下仅有上市公司E1、E3和E6通过发行债券从资本市场融资。流动性负债比例较高，导致上市公司偿还债务的现金流压力较大。其中，旗下上市公司E1和E3待偿债务余额均超过300亿元，上市公司E4待偿债务余额也超过30亿元。

2. 经营质量有待提高

盈利水平有待提高，资产周转需要加速。一是盈利能力并不突出。2012—2014年期间，资本族系D利润总额分别为20.4亿元、27.4亿元和41.2亿元，营业利润率分别为4.3%、2.7%和3.2%，净资产收益率分别为3.6%、2.8%和2.4%。上市公司盈利表现与集团基本一致，仅上市公司E2、E5和E7超过5%。二是利润波动性较大。2012—2014年期间，资本族系D主营业务营业利润占利润总额比例分别为74.2%、55.9%和70.7%。盈利能力偏低会影响集团"融资—并购"循环发展。三是资产周转速度较低。集团资产方面，2012—2014年期间，资产周转率约为0.23次/年。资本族系D主营业务是航空、物流等产业，回收期较长、短期回报率不高。上市公司资产方面，除了上市公司E4和E7外，其它企业资产周转率较低。其中，上市公司E8不足0.1次/年。四是资金使用效率提高。2012—2014年期间，资本族系D应收账款周转率呈上升态势，分别为12.8次、12.7次和14.3次。

财务费用增长明显，汇兑损失不容忽视。集团整体方面，近三年增速较快。一方面，集团财务杠杆率较高，债务性融资规模较大，利率风险敞口难以对冲，尤其是租赁收入和利息支出受到利率波动影响明显。另一方面，随着集团国际化扩张步伐加快，汇率风险对企业经营绩效的影响也日益显现。上市公司方面，上市公司E4和E5财务费用有所下降，其他上市公司财务费用明显增加。其中，航空板块上市公司2015年度财务费用高达 46.5 亿元，仅人民币汇率波动而导致汇兑损失为 17.9 亿元。金融板块上市公司 2015 年度财务费用为 16.7 亿元，主要是借款收购 Cronos 股权产生利息支出。

3. 财务风险不断增加

股东代理成本较高，市场股价波动不小。实施定向增发方面，防止市场担忧引发不利反应。资本族系 D 资本运作重要经验是，通过资产注入参与上市公司定向增发，不仅能够为上市公司提供流动资金，起到稳定股票价格作用，而且能够借助上市公司市场化估值溢价提升母公司资产价值，为后续融资创造便利条件。需要关注的是，关联交易的不合理定价、上市公司的资金占用、企业利润的修饰管理、公司股价的操纵嫌疑等难题都需要合理规避，否则极可能引起市场担忧大股东利益输送而产生不利于集团可持续发展的经济后果。制定股利政策方面，需要加强资本市场沟通。近年来，资本族系 D 高密度、大规模地对外并购投资活动，不可避免地挤占上市公司现金流，导致集团旗下上市公司几乎都放弃现金分红。实施这类步调较为一致的股利政策，需要加强市场沟通，避免可能出现不利的猜疑。

上市公司资金关联强，财务风险可能传递。集团财务公司存放旗下上市公司部分存款，且双方存在关联交易。为避免关联方资金占用问题，资本族系 D 旗下上市公司公开承诺与集团财务公司进行存款、贷款、委托理财、结算等金融业务时，必须遵循自愿平等原则，确保上市公司财务管理的独立性。操作上要注意政策监管边界，不能通过集团财务公司向其他关联方提供委托贷款、委托理财，不能将募集资金存放在集团财务公司，审慎执行上市公司在集团财务公司存款的有关决策，防止出现资金被关联方不当占用情况出现。

融资渠道有待拓宽，需要关注系统风险。一是股权质押普遍，杠杆风险增加。集团对旗下上市公司股权采取频繁质押融资。以金融板块上市公司为例，两年半时间内，先后发布48份股权质押公告，质押股权合计达40.2亿股。其中，有两次股权质押公告发布日期间隔不足1个月。根据2016年一季报，集团持有金融板块上市公司21.4亿股，其中20.4亿股处于质押状态。股权抵押融资相当于增加财务杠杆风险，削弱了集团财务弹性，抑制了进一步融资能力。二是关联担保普遍存在，风险传染可能大。集团内部存在子公司之间、母子公司之间，以及关联公司之间互相担保和互相认购等操作，这是资本族系D资源共享机制的重要部分。随着并购投资深入推进以及融资需求不断增加，新近纳入资本族系D旗下企业迅速成为新的担保平台，进一步加剧集团内部风险传染性。此外，资本族系D还对关联企业借款和发行债券进行担保。三是永续债、优先股、基金利用不足。2012—2014年期间，资本族系D长期借款分别为804亿元、992亿元和1166亿元，应付债券规模分别为89亿元、161亿元和217亿元。资本族系D长期借款以银行借款为主，主要用于保障重大建设项目资金投入、满足扩大生产经营规模而购入资产、提供集团并购所需资金，以及补充长期运营资金。此外，资本族系D发行了大量公司债券和中期票据，但缺乏永续债、优先股等长期稳定的金融工具。

（五）资本运作的应对之策

1. 强化产融结合战略

产融结合要以服务实业发展为前提，不断扩大规模、提高质量、拓展领域和升级产业。资本族系D持有金融服务牌照，能够高效利用集团内部资金有效撬动社会资本，放大融资规模，助力实业投资扩张发展。同时，实业产业发展能够带来充裕现金流，能为金融业务运作提供支持。资本族系D需要继续强化产融战略，深入推进多元化与国际化发展。

结合产业发展阶段，促进经营与金融协同。具有行业领导力的产业板块方面，以经营协同为基础，从产业向金融延伸。通过产业竞争优势降低金融业务成本，提升资本族系 D 整体价值。例如，物流板块可以借鉴 UPS "物流 + 供应链金融"模式，整合物流、信息流和资金流，降低信用风险控制成本，通过企业资产证券化盘活存量资产。具有稳定现金流的产业板块方面，以金融协同为核心，在相关金融业务波动性不大且规模可控情况下，通过对相关金融业务关联担保等形式降低融资成本。金融业务必须有所控制，不能超越产业部门信用能力。

建立完善内部资本市场，提高财务管理水平。一是集团财务公司建立和完善内部资本市场，优化内部存贷机制。借助有效的资金管理手段和资本运作方式，统一调动集团内部闲置资金。以内部借款和资金调剂方式配置，可以有效减少资本族系 D 对外融资规模，降低融资成本和债务风险。二是集团在保证资金安全前提下，丰富资金管理配置形式，实现资金增值保值。通过金融衍生品杠杆对冲金融风险，实现资本收益。三是夯实财务管理基础，合理推进集团产融。资本族系 D 产融结合需要从优化财务管理开始，以集团财务公司为内部财务资源配置中枢，加强资产与负债匹配管理、现金流平衡管理和财务风险管理，推动资金管理平台升级。条件具备时，推进集团财务公司向产业银行转型升级。

打造融资窗口平台，联通内外资本市场。一方面，有效利用集团内部资本市场，发挥旗下上市公司在外部资本市场角色，借助外部资本市场力量，通过集团及旗下上市公司之间的资本运作，注入集团优质资产，提高集团资产证券化率。另一方面，通过国内与国外资本市场有机互动，推进集团资产国际化扩张，高效统筹与配置资源。

多类基金分头出击，积极整合社会资本。充分利用中国大力发展产业基金政策环境，鼓励旗下业务板块根据自身发展阶段，依托上市公司，加强与政府、投融资机构合作，采取产业基金、并购基金等形式有效整合社会资本，优化集团产业布局和投资组合，发挥产业协同效应，实现旗下产业公司的规模经济和范围经济效应。

妥善控制金融风险，加速多元化与国际化。一是利用产融结合战略深入推进多元化与国际化发展过程中，必须严格防范和控制集团所涉及的金融服务领域风险。在产融结合前期，资本族系D涉及的金融业务应相对成熟且风险可测，对不同金融业态要进行差异化监控，建立防火墙制度。二是努力避免集团实业发展过度依赖自身的金融服务。通过金融过度放大杠杆进行扩张，不仅会增加资本族系D内部金融风险，而且可能反噬旗下实业板块。三是加快改善集团整体盈利水平。对并购投资项目进行严格考核，关停盈利能力差的企业，剥离增长潜力较差的业务单元。优化项目投资，严格对外投资审核把关，提高项目投资成功概率。完善财务考核体系，加强对集团成员企业经营效益考核力度。四是把准产业调整升级机遇。推进航空、旅游、实业、物流、金融等主业升级跨越，同时以生态科技板块作为新经济业务发展的引擎，抓住新三板市场扩容战略机遇，通过国际化并购扩张发展进入生态与科技等门槛较高产业，掌握核心技术产权，提高资产质量，优化资产结构，培育确立长远的国际竞争优势。

2. 顺应资本市场改革

随着资本市场深入推进市场化、法治化和国际化的改革，资本族系D面对发行注册制、退市制度、强化信息披露、并购重组市场化改革等一系列的变革与机遇，建议采取以下应对策略。

紧抓市场化改革机遇，提升上市公司质量。一方面，市场化改革要求资本族系D进一步提高公司质量。实施注册制意味着发行标准、价格和时机的选择权最终将回归市场，股票发行过程将制度化、市场化和透明化。上市公司作为第一责任方，应多维度提高公司质量，合理应对市场估值变化。资本族系 D 应加快规范：一是立足于企业质量和长期价值提升，进行资本运作和市值管理。二是提高公司治理和内部控制管理水平，规避金融风险、财务风险和经营风险。三是积极管理投资者关系，优化股利政策。四是加强旗下上市公司财务独立性，满足信息披露要求。另一方面，把握市场制度红利，深化新三板市场布局。鉴于新三板市场快速扩容，分层管理等制度不断完善，资本族系 D 应深化布局：一是深刻把握新三板作为注册制发行试验田契机，利用新三板发行备案制制度安排，通过内部资产重组，将未上市资产挂牌入市。二是通过控股、参股、资产并购重组等多种形式参与市场交易，深化战略布局。三是随着做市商扩容趋势，探索旗下金融机构参与做市的可行性。四是利用市场分层制度，打造更多新三板创新层挂牌公司，为向交易所市场转板做好前期铺垫。五是充分认识新三板制度优势，把握交易所市场、新三板市场，以及其他资本市场之间的战略机遇。

紧跟市场有序开放，加快全球资本运作。随着资本市场双向开放的有序推进，企业境外上市融资渠道会进一步拓宽，合格境外投资者制度和人民币合格境外机构投资者制度将会日趋完善，A 股纳入国际知名指数条件逐渐具备，启动深港通、沪伦通，境外主权财富基金、养老基金、被动指数基金等长期资金会加大境内投资力度。面临资本市场国际化步伐加快，资本族系 D 应该利用自贸区金融开放创新试点政策，与境外机构投资者展开股权等合作。一是通过合格境外机构投资者（QFII）、人民币合格境外机构投资者（RQFII）、沪港通和自由贸易账户等多种渠道参与国内资本市场。二是支持旗下证券基金在香港、纽约等市场开设海外子公司。三是资本板块应该积极参与境外离岸人民币证券交易平台建设。四是注册成立内地与香港互认基金，尽快实现公开销售。

顺应监管强化趋势，保护投资者利益。2015年股灾后，监管机构正在汲取"为短期波动而进行股市维稳"教训，以调控指数作为首要政策目标的监管思路也面临调整，市场整体监管趋势逐渐加强。未来市场将不断加强信息披露和投资者保护，依法打击操纵股价行为，建立健全证券投资领域的公益诉讼制度和投资者侵权救济渠道。资本族系D应该严格规范大股东行为，加强关联交易、并购重组、内部控制、公司治理、社会责任等方面信息披露，向市场及时、有效地传递积极信号，不断提高财务质量和财务透明度。

3. 加大直接融资力度

继续拓宽融资渠道，有效控制融资成本。针对集团融资结构以银行贷款为主、直接融资规模较小，以及资本结构失衡等问题，资本族系D将实施如下举措：一是选择国际市场发行专项并购债，为国际化并购项目融资，降低融资成本。二是对兼具权益与债权双重特性业务，可以顺应金融创新趋势，发行永续债、优先股、夹层资本、结构性产品等混合型金融工具，补充公司权益资本，降低资产负债率和融资成本。三是结合汇率和利率走势变化，适度调整债务结构。在货币宽松环境下，尽量借助中长期、固定利率的人民币债务融资，借助汇率和利率衍生品工具等降低汇兑损失和利率波动风险。四是增加新三板公司债和优先股。债券发行市场不断扩容，从交易所市场扩展到新三板、机构间报价系统和柜台系统。集团旗下新三板挂牌企业可以发行新三板公司债和优先股等融资。五是利用集团品牌和金融牌照优势，与银行合作设立基金，参与投贷联动业务。

提高资产证券化率，优化资源配置效率。加快发展资产证券化，成为盘活存量、创新业务的突破方向。资本族系D基础资产丰富，但资产使用效率偏低，未来着力点在于以下几个方面。一是充分利用多层次资本市场，提高资产证券化率。通过上市公司定向增发、再融资并购等方式将未上市公司资产注入既有上市公司。加强培育集团旗下未上市挂牌公司，待条件较为成熟时，通过首次公开发行（IPO）和新三板市场挂牌进入资本市场。二是发挥好集团旗下金融业务板块功能，协助集团完成"先金融化集团资产，再证券化集团资产"任务。一方面，为集团筹措资金收购未上市的集团资产，随后通过参与旗下上市公司资本运作而将资产证券化；另一方面，积极参与集团及旗下公司相关基础资产证券化等金融产品的设计、开发与利用，减少短期大量偿付所带来的冲击，缓解企业流动性压力。三是设计、开发资产证券化管理信息系统，适时推进集团财务公司信贷资产证券化。财务公司能够获取集团业务板块公司资金收付、采购订单和销售合同等方面信息，开展供应链金融服务并盘活各板块基础资产，成为集团价值内生创造的重要节点。四是推出房地产资产支持证券（ABS），加快盘活存量房地产资源，缓解资金压力。资本族系 D 房地产业务板块可以利用包括香港等地的资本市场推出融资 ABS 产品，包括物业费 ABS、类房地产信托投资基金（REITs）、运营收益权 ABS 和销售尾款 ABS。五是结合信托业务、租赁业务、物流业务、基础设施业务、旅游业务特点，将信托收益权、租赁租金、应收账款、基础设施收费、门票收入等收入流性质的基础资产进行证券化，盘活存量资产，提高资产周转效率。六是加快推进金融业务板块其他债权资产的证券化，包括融资融券债权、保理融资债权、股权质押回购债权、委托贷款、小额贷款等债权资产的支持证券。

4. 合力整合产业资源

资本族系 D 立足于核心业务优势，在并购重组回归价值起点的核心原则基础上，通过合理有序推进产融战略，加大横向整合的产业并购力度方面，适时运用借壳上市和整体上市，提高证券化率。

立足企业长远价值，整合战略新兴产业。一是针对中小板、创业板和新兴产业并购迅猛增长态势，实业板块应加快布局机器人、3D打印、电子设备制造业、高端制造业等战略新兴产业。二是旅游板块应加快在线教育、游戏、旅游娱乐、文化传媒等方面布局。三是物流板块应加快物联网、第四方物流等方面布局。四是资本板块应加快移动支付、互联网金融和供应链金融等方面布局。五是生态科技板块应加快互联网、环保科技、软件和信息科技等方面整合，探索区块链思维与模式发展潜力。

整合社会资本，创新并购形式。一是强化与机构投资者合作，借力社会资本。通过控股、参股、成立基金等方式，加强与各类机构投资者，特别是长期机构投资者合作，关注养老体系改革与资本市场改革发展的良性互动，撬动资本杠杆，参与并购市场。二是创新使用并购基金等方式，良性推动"并购—融资—再并购"循环。集团及旗下上市公司，或上市公司大股东，或关联公司与私募股权基金（PE）等机构投资者联合发起成立并购基金，通过定向增发、协议转让或二级市场购买等途径控股或参股上市公司。通过资源重组与业绩改造，实现企业价值提升，为并购基金转让股权获利提供基础。三是用好新三板市场实施并购。新三板企业挂牌前经过公司改制、挂牌辅导等流程，公司治理结构和财务规范程度显著提升，降低了并购重组成本。集团可以充分利用新三板市场并购交易规则，选择旗下挂牌企业融资并购，也可以通过挂牌公司定向增发实施并购。

依托国家开放战略，稳步推进跨境并购。集团应基于国家相关战略动因，立足企业自身的战略发展阶段，乘势稳步推进跨境并购重组。一是通过跨境并购，获得技术升级，提高自主创新能力。二是全球范围内整合资源和能源，进行全球资产配置和资源储备。三是开拓国际市场，打造国际品牌，巩固国内市场竞争优势。四是紧密关注中资概念股回归暂停、跨界并购重组趋紧和私募基金挂牌政策等并购市场政策调整，动态调整并购节奏。

5. 构建境外运作平台

为适应国际化发展需要，资本族系 D 加快推进境外资本运作平台和机制建设，提高境外资本集中管理能力。

建立全球资金管理平台。机构设置层面，在纽约成立海外资金中心，协调安排资本族系 D 海外资金监管、归集和融资，提高企业海外资金的归集度和财务管理效率，规避市场风险与汇率风险。业务实施层面，搭建海外资金账户架构体系，逐步开展集中付款、跨境资金池和外汇避险等全球现金管理业务，实现多币种跨境资金归集、集中付款管控和海外资金筹融资集中管理。

探索建立多币种一体化资金池。目前国内政策不支持本币、外币资金池互通，但强化国内外公司之间的资金联系，实现境内外资金池的统一管理，是跨境企业集团资金集中管理的趋势。集团财务公司通过有效对接境内外资金池，分别归集和支付不同货币，调节所有币种供应量比例达到平衡状态，在满足支付需要前提下，尽可能减少对外兑换货币次数，保证集团整体对不同币种的用汇需求。

发挥香港总部的桥头堡作用。充分发挥资本族系 D 香港总部在国际化投资、融资及管控等方面的桥头堡作用，协调北美和欧洲区域业务，管理亚太区域并购与重组业务，探索集团在港整体上市的路径。

借力国际银行网络体系。依托跨国银行全球网络体系监测外币资金动向，充分利用知名金融机构的多币种外汇即期、远期、掉期等产品，集中开展套期保值和短期投资，规避汇率波动风险。

完善境外资产退出机制。一方面，利用全球资本市场估值差异性，优化 E 集团境外资产配置；另一方面，探索上市公司境外退市转入境内上市的路径，获取资产估值的增值收益。

6. 优化资产负债管理

采取主动型资产负债匹配管理模式。资本族系 D 资产负债匹配管理属于"资产驱动负债模式"，即先通过投资端寻找合适并购项目，再要求负债端不断提供时间性较强的现金流供应。这一模式主要缺陷是，不同资产收益通道下公司流动性风险和信用风险可能超出系统承受能力。资本族系 D 应该逐渐建立"主动型"资产负债匹配管理模式，即通过资产端、负债端良性互动和主动管理，实现动态、良性、高效匹配，为逆周期扩张提供资金保障的财务制度基础。

优化资产端产业组合。资本族系 D 资产端的特点是长期投资比例较高，不利于资金流动性平衡，需要根据负债期限确定长期、中期、短期投资比例结构。投资业务结构方面，需要关注产业组合的互补性。例如，实现航空、旅游和零售产业之间的投资互补。平衡投资节奏方面，保持投资产业板块之间具有周期互补性，实现"失之桑榆，收之东隅"的效果。安排资产结构方面，降低企业利润和规模平均增长率波动幅度，从而减弱企业经营风险。

调整负债端期限结构。一方面，尽力匹配负债期限与项目收益期限。保持战略定力，避免短期负债急剧膨胀导致"短借长投"错配更加严重，最终引发资金链紧绷乃至断裂。另一方面，将资金成本纳入负债结构决策中，避免资金成本过高加剧资金链脆弱。

7. 提高市值管理水平

深化认识市值管理的内涵。资本族系 D 善于通过市值管理提升企业价值，进而增强股权质押融资能力，但最终还是需要落脚到提高上市公司质量。市值管理的内涵包括：一是提升上市公司价值创造能力，从财务质量、产品与服务创新、经营管理等方面入手；二是提高价值管理能力，从信息披露、公司治理、内部控制等方面入手；三是改进价值分配能力，从投资者关系管理、股利政策等方面入手。

优化股权结构的市值管理。股权结构的资本运作包括：一是盘活存量闲置股权。通常持股比例20%—33%就能实现对上市公司相对控股，更高比例股权长期闲置则会导致资源浪费。集团主要通过股权质押获得贷款融资，容易削弱财务弹性，并不利于提升公司市值。资本族系D可以利用资本市场盘活闲置股权来提升市值。例如，当股价高估时，利用股权作为支付方式收购优质资产或企业，聚集企业发展的优质战略资源。二是实现股权结构均衡。集团旗下上市公司通过转让股权等方式引入社会资本和战略投资者，提高机构投资者比例，降低大股东代理成本，不仅能够实现股权结构均衡，还能充分调动各类资本积极性，提升企业内在价值。三是适度实施股权激励和员工持股。通过高管激励和员工持股等薪酬政策实现管理层、员工与股东之间利益一致性，减少经理人代理成本，共同为公司长期价值提升公约数而努力。四是增持或减持股份。针对上市公司估值波动趋势，集团或内部高管以增减持股份向市场传递积极信号，促进股价向企业内在价值回归。五是剥离资产、突出主业。通过剥离不良资产或非主业资产，聚焦资源提升核心业务资产质量，从而促进公司市值提升。六是股利政策得当。通过股利分配等方式向市场投资者传递公司经营状况和管理层预期信号，促进投资者认可公司内在价值。

调整股本总量的市值管理。公司股本的资本运作包括：一是实施配股、增发和发行股份购买资产进行重组。做大股本总量的同时，通过重组整合产业资源，提升上市公司质量，进而提升市值。二是适时回购股份。股价严重低于内在价值时，通过回购注销股份，减少股本总量，改善公司市场预期，提高每股收益，进行股价维护。三是适当分拆上市。将上市公司控制的权益资产独立出来，在估值更高的其他资本市场发行股票上市。利用跨市场价值发现功能，促进公司资源配置更加合理化。

（六）资本运作的保障措施

发挥"外脑"作用，科学支持内部决策。随着多元化与国际化布局深入推进，集团未来经营和投融资并购活动将会受到更加广泛的宏观环境条件变化的影响，战略决策愈加需要有科学研判与应对预案支撑。继续发挥集团内部研究部门作用，集团还应借助"外脑"，与国家级智囊机构建立紧密合作关系，定期对于宏观经济走势和风险进行观察与研究，对重要行业的投资机会进行预判，为集团未来发展决策提供参考。

集团架构统分适度，板块连接有机顺畅。目前集团关联公司之间，特别是同一业务板块内，普遍存在关联担保和互相抵押问题。信贷环境宽松时，关联担保有助于内部企业共享资源，利用顺周期效应快速扩大企业规模与市场影响，但各产业板块也会因互相担保和抵押而捆绑成为赤壁之战中的"连环大船"。经济进入下行期时，关联担保行为极易受到利润骤降、汇率风险骤增、金融机构抽贷等多重因素的连带性影响，可能引发集团资金系统性风险。各产业板块之间应该建立投资、融资和运营防火墙，保持各自灵活性，避免通过互相担保和互相抵押而被迫捆绑，以防止局部资金链断裂风险带来系统性威胁。

外化集团精神力量，培育一流管理人才。集团可持续并购扩张必然要求并购标的能够实现价值增长，关键在于是否有合适的管理人才实现经营目标。长期以来，资本族系 D 企业文化精神为培育内部管理人才的价值观和世界观、提高社会责任感和使命感发挥了重要作用，有力促进了公司管理人才对集团战略决策意图的理解与协调。未来应该继续发挥集团精神力量，培育和建设国际化、专业化、有经验的海外并购运营团队，不断完善激励和考评机制，规避和降低整合风险和并购代理人成本，更有效地为集团创造业务增加值。

后　　记

　　企业金融规划既是独具中国特色的企业实践探索，又是管理学中国理论创新的重要方向。当代中国学者既是幸运的，因为遍地都是孕育理论创新的沃土，当代中国学者又是艰难的，因为问题导向的创新难以兼容学术范式。清华求学伊始，就致力于迈进真世界，寻找真问题，提出真办法，然而诸多波折之后，渐觉实践探索到理论凝练遥如银河，只能记录些许碎瓦以供甄鉴。从事企业规划咨询近十年，见证过不少企业起高楼的辛酸、宴宾客的豪迈、楼塌了的扼腕。废墟忆规划，尤忆往日众志成城的决心和匆忙穿梭的身影，一切恍如梦境。提笔之时，常感焦灼：中国企业家既有舍我其谁的历史担当，也有不断突破必然王国的坚定信念，这固然是时代之幸、社会之幸。然而，千里疾行容易削弱定力、迷失心性，误将彼岸作此岸。一些企业家在思想世界里突飞猛进，然而现实世界里桎梏犹在。如何才能逃脱，或者延缓企业由盛转衰的宿命？这既是中国企业家苦苦探索之术，也是中国理论界孜孜寻求之道。落笔之后，心中释然：那就是秉承"一滴水"精神，将企业主动融入国家之海，走胸怀国家和社会之"大道"，走植根于中国文化之"中道"，走坚持万众创新之"新道"。道虽简单但深刻，难在一以贯之。

　　企业金融规划是一项统筹难度大、政策水平高、业务跨度宽、知识结构广的研究任务，但所幸诸多良师益友倾力相助，方成此稿。总体框架结构安排得到清华大学资深教授胡鞍钢和中国社会科学院学部委员李扬、学部委员王国刚等专家的指导。集团总部视角下的企业金融规划，凝聚了清华大学胡鞍钢教授、王亚华教授、俞来雷博士、毛捷博士等学者的诸多心血。产业板块视角下的企业金融规划，得到了中国社会科学院学部委员王国刚、董裕平研究员、张跃文研究员、曾刚研究员、尹中立研究员、蔡真副研究员、袁增霆副研究员、王向楠副研究员、姚云博士等学者诸多帮助。金融科技视角下的企业金融规划，凝聚了华北电力大学胡光宇教授、刘妮娜副教授等学者诸多提点。资本运作视角下的企业金融规划，凝聚了中国社会科学院董裕平研究员和姚云博士等老师诸多智慧。诸多业界高管和政府部门领导亦对书稿指导甚多，不便实名感谢。由于智库报告体例和字数所限，本书难以深入探究企业金融规划的相关理论，如有读者感兴趣，可参阅"企业金融规划的时代背景、理论来源和分析框架"（《湖北社会科学》，2021年第2期）一文。若本书有细微之处令读者有所启迪，也算是借机传递了诸位师友的智慧。另，书中案例敏感信息经过笔者脱密处理，与现实企业不能完全对应，但不影响阅读。

徐　枫
完稿于 2020 年 3 月

徐枫，北京航空航天大学博士，清华大学博士后，现任中国社会科学院金融研究所副研究员、资本市场研究室副主任。曾工作于国办经济局、金融局，访问于斯德哥尔摩大学，兼任清华大学国情研究院研究员。主持国家社科基金、企业集团咨询项目十余项，多次参加部委政策咨询，研究报告获得中央政治局常委、委员批示十余次。在 Economic Modelling、《金融评论》《人民论坛》等期刊发表论文 40 余篇。获得中国社科院优秀信息对策奖一、二、三等奖。

郭楠，华北电力大学兼职研究员。参加国家社科基金、海航集团、国家电网等项目咨询，财政部、证监会等政策研讨，撰写清华大学《国情报告》等内参。在《贵州社会科学》《中国管理科学》《中国金融》等期刊发表论文 14 篇。